末世的思念

主编
张小娴
执行主编
苏小懒

[The Last Memory]

末世的思念

情不可言

张小娴 编/著

北京联合出版公司

Contents

爱情始于多巴胺的作祟，
却结束于平凡与烦冗的日常生活。
两人的博弈，如何工于心计，
才能让自己立于不败之地？
如果，爱情可以如此计算，
那么它何以会被推崇到至高的境地？
如果，某天，你想结束一段感情，
你会选择靠自己的力量，
还是假他人之手？

幻灭之爱

来找我

Things base and vile, holding no quantity,
love can transpose to form and dignity.
Love looks not with the eyes,
but with the
mind.

真正的男人，要勇于直面
女友的大饼脸，敢于正视女友的
顽固性
肥胖。

article by
苏小懒

01

“你好，是‘来找我’情感服务中心吗？”

“您好，请问我能帮到您吗？”

“呃……是这样的，我在网上看到你们有情侣代理分手服务，我想同……”

“这位女士，恭喜您！我们中心有着最专业的队伍，能使情深意浓却要分道扬镳的恋人再度牵手；能使感情陷入危机的夫妻重归于好；能使已离婚但感情尚未完全破裂的原夫妻破镜重圆；能使断了情的同胞姐妹又复手足情；能使将要对簿公堂的双方撤回诉状；能使将要剑拔弩张的朋友握手言和；能使欲置对方于死地的人打消报复的恶念。当然……”对方有意停顿了一下，“反之，我们也能做到。”

“……我只是想咨询下代理分手的业务。”

“是的，女士，完全没问题。我们保证用最恰当的方式帮您摆脱烦人的另一半，不论您是已经不爱他，还是因为某些变故不得不离开对方。”

“呃……”

——好像有点过于热情了啊。

“我们于今年3月份推出的分手代理，就是为那些想与恋人分手，又不便、不愿、不敢亲口说的人提供‘劝分’打包服务。哦，对了，如果您觉得电话里说不清楚，欢迎您随时来我们实体店，我们会为您量身定做一份完美无缺的‘劝分’计划书。”

“不不不，不用了，电话里就可以。”

“好的，没问题，女士。我们深深地理解您，在当代社会，年轻人的情感生活过于复杂化和速变化，对曾经深爱并生活了那么久的恋人提出分手，的确会感到尴尬。我们将以局外人的身份介入，使原本尴尬的分手显得自然、方便，并将伤害降到最低……”

“好吧，”有点啰唆啊，“请直接说具体流程。”

“很抱歉，女士，耽误了您的时间。是这样的，我们需要您把您和您男友，哦，对不起，是即将成为您前男友的详细情况向工作人员说明，同时支付1000元订金。我们的工作人员将在24小时内为您制定分手计划书，包括分手原因、方法等，在您确认无误后，我们同时会与您签署一份保密书，并将在10天内制造争吵，15天内分手，最晚不超过20天内完成交易。”

“……需要那么久吗？”

是有多忍受不了现在的恋人？

“哦，当然，您也可以选择三天分手加急套餐，但是费用是这个的两倍……”

“那就三天好了。”

“好的。我需要提醒您的是，分手成功以后，我们还需要根据难易情况以及分手代理过程中产生的额外消费，进行总体调整。但是请放心，我们会列出消费明细单，绝不乱收费。”

“没问题，我一会儿就把资料发给你们。”

"好的，女士。我代表我们'来找我'情感中心向您郑重承诺：我们将为您提供最满意的服务。我是朱友，工号为0766，您的专属分手代理总监。如有任何疑问，欢迎您随时拨打我们公司的热线电话。"

02.

想同罗欢宝摊牌分手，亦晴当然不是心血来潮。

她早就过了学生时代动辄以分手来试探男友真心的年纪，看着男生为了自己心乱如麻、失魂丧魄般的模样，躲在角落处捂嘴笑：看吧看吧，现在知道急了，当初干吗对我不够热情不够好。

接着在男生的百般讨好、百般承诺下，佯装怒气未消，半推半就下"重修旧好"。

现在的她，已经不需要通过这种方式来证明自己的魅力。

也不像当年急于找到一个出口，想要释放自己迫切和热情的爱。

职场里摸爬滚打四年，换了三家公司，皮也跟着蜕了三层。她早就已经习惯了见人说人话，见鬼说鬼话。

在第一家公司实习时，诸如"越过五级跑去总裁办公室投诉，只因为头发都快掉光的经理克扣了同事一半的奖金。同事没敢吭声，她倒抢先当了炮灰"的事情，不胜枚举。那时的她，充当着炮灰的角色，别人一点火就着。

现在她已经懂得用柔和的方式处理任何事情。

因为学费已经交得足够多，就算是个傻瓜，也要毕业的。

唯独对自己的男友罗欢宝，她依然是炮灰，始终柔和不起来。

罗欢宝下班回到家甩掉拖鞋，整个人倒在沙发上，她想发火；

吃饭的时候吧唧嘴，喉咙里发出咕噜咕噜的满足感，她想发火；

玩游戏时同他闲聊，回答慢了半拍，她想发火；

逛街的时候他说个不停，嘴巴闲不住，她想发火；

开车回来的路上他沉默，一言不发，她想发火；

……

像是有根针，只要他出现在她的视野范围内，便启动了发射按钮的装置，以不断递进增强的速度和频率刺痛着她的神经。

那一刻只想着爆发。是的，爆发，任何时刻见到他，都想要把所有凝聚在她胸腔中的不甘和怒火发泄出来，以摧枯拉朽之势秒杀掉这个男人，结束他们的感情。

大学同他恋爱时，当然不是这样的。

同样的事情、同样的习惯，她只觉得他率直、真性情，孩子气，没心没肺，同他相处永远不戴面具从不觉得累。

现在完全变了味。

这种情况，好像是从参加闺密麦冬冬的婚礼回来后，开始的。

亦晴清楚地记得，麦冬冬抛捧花时，隔着远远的人群，几乎是把花强行塞在了自己手中，虽然并没有结婚的打算，但也不好拂了她的好意，只得接下。

也是麦冬冬多事，这并不算完，她搂住亦晴的肩膀，以娘家人的口吻，质问站在一边的罗欢宝："要不然你俩也结了得了，我婚纱和新郎服买了好几套呢，都是现成的，刚好给你俩穿上。酒席我们也帮你包了。"说完自己拍掌大笑，"这买卖，太划算了哇。怎么样怎么样，你们就从了我吧？"

亦晴并未多想，转头看自己身旁的罗欢宝，她以为他会微笑，或者爽朗地点头表示同意，或者说不，我们再等等，这些都是她可以接受的答案，但他的反应远远超出了她的预期。

罗欢宝脸色格外难看，察觉到亦晴注视的目光，干脆别过头去。尴尬之余，她只好站出来圆场：“新娘子，看你老公的那帮坏哥们儿，又密谋着晚上怎么闹洞房呢，你这泥菩萨，还是先顾好自己吧。”

双手一推，把新娘子推到了新郎官的怀里，转个圈倒杯香槟回来，看不到罗欢宝，翻出手机想要打给他，赫然发现罗欢宝刚刚发给自己的短信：

“犯得着用这种方式逼婚吗？”

逼婚，你若想同我结，我还不见得同意呢。

亦晴想。

在这件事发生前，她也曾经设想过两个人的将来。

罗欢宝算不上是她心目中的理想情侣，长得不算特别帅，可也不难看，声音倒是挺有磁性，但相处久了，也慢慢觉得不了。初入大学时，她身边也不乏追求者，唯独他坚持得最为持久，也最热烈。也许是被诚意感动，也许招架不住他的疯狂追求，也许周围人的起哄声慢慢让她产生爱的错觉，亦晴逐渐习惯了他的存在。

显然，那时的她，对自己找一个什么样的伴侣并不明确。

毕业后，两人都留在这座城市，找工作的艰辛自不必多提，下了班在地铁里会合，街边小摊随便吃点什么，回家的路上打打闹闹，卸下所有伪装和疲累，坐在家里的地板上相拥着看碟，当真是相依为命。一晃几年，就这样过来了。

经济较为好转的时候，之前顾不上的矛盾开始陆续浮出水面。

总体来说，罗欢宝性格比较悲观，发生什么事，都会把消极的情绪带给亦晴。他是家里的独子，被娇宠惯了，难免自私。人比较邋遢，几年前迷上网游，开始还有节制，后来借口工作压力大，几乎夜夜玩到凌晨。至于周末，当然只肯宅在家里。两人沟通越来越少，家中几乎所有家务都是亦晴一个人干，做饭、洗碗、洗衣服、拖地……亦晴心疼他工作累，加上自己有点小洁癖，几次谈判未果，也就默默地全都一个人做了。

导火索发生在亦晴通宵加班的那一天。临出门前她叮嘱倒休的罗欢宝把洗衣机里的衣服晾上，罗欢宝在她反复几次叮嘱后，头也没抬地回了句“好”。结果隔天亦晴晚上回到家，他依然人机床合一，家里乱翻天，各种食物残渣堆满地。

洗衣机在卫生间滴滴作响，她前天放进去的衣服早就洗完，提示钮执著地响着，他不关，也没拿出来晾。衣服的闷臭味道、水果腐烂的味道，夹杂着垃圾桶里不明物体的馊臭味儿混合在空气中，两天没休息的亦晴忍不住大吐。

这时他老人家才从被窝里探出乱蓬蓬的头，问：

“怎么了？”

没等亦晴回答，他突然滚下床，紧张地问：“该不是怀孕了吧？”

“你上次来大姨妈几号？”

亦晴不吱声。

他坐下来，语气里带着讨好：“现在不是要孩子的时候啊，听话。”

亦晴的心，彻底凉下来。

想要分手的念头，就此萌生。

但七年多的感情，却并不是说分，就能马上分的。

亦晴挺矛盾。

有不舍，也有犹豫。尤其每晚下了班，绷紧的神经和累到要瘫掉的身体，回到家后彻底松弛开，只想把整个人都埋在沙发里，最好就此长眠不醒。什么“感情变故、同有隔阂的男友谈谈世界观人生观价值观”的，都放一放吧。

不信你来做一个选择题——

上班累了一天，你是愿意——素颜穿着宽松的睡衣任意打着哈欠或者没有任何顾忌地随便放个屁，囤在松软的沙发里，看看电视，吃吃东西，睡睡觉……

还是愿意——化着浓妆穿上展现完美曲线的服装挺胸提臀收腹戴好交际面具时刻保持一张笑脸，挤一个小时的地铁或者坐在能堵上两个小时的出租车里参加聚会认识新的男人，重新开始适应新恋情?

压力山大。

但从麦冬冬的婚礼回来之后，亦晴突然顿悟了。

不，无论如何都不应该是他，实现她自儿时起便开始憧憬的梦，穿着圣洁的婚纱，在亲朋好友如浪涛般美好的祝福里，牵着她的手，开启此生她最美好的时光。

——分。

——分定了。

——一想到此刻他对自己所做的种种，简直刻不容缓。

她并不喜欢拖泥带水，想清楚后，向罗欢宝摊牌，分手提了三次，但都没成功。

第一次是在周末的家里，亦晴好不容易把他从电脑前拖到饭桌，费了很大力气才让他明白，自己是真的要和他分手，并不是以此作威胁，让他改掉目前她所无法容忍的坏习惯。

罗欢宝打着哈欠，见她认真，卑躬屈膝讲了一箩筐好话，没有效果，转身到隔壁屋子打了个电话，出来后说："我妈听说咱俩分手的事后，血压升到190，现在我爸已经开车带她去医院了。"

亦晴目瞪口呆。

罗欢宝穿好衣服："你还不换衣服？"

两人手忙脚乱地锁好门，连夜奔回罗欢宝的老家。老太太已经在医院里打了一天一夜的点滴，血压高到头晕也顾不得，拉着亦晴的手，老泪纵横，先哭自己命苦，一辈子没过上什么好日子，接着数落儿子不懂事，从小一堆坏毛病，然后夸亦晴懂事又宽容，最后总结说自己早把亦晴当成自己的儿媳妇了，以后不要动辄说分手，否则自己没个安生日子过之类……

演戏吗?

全家人一起配合演出?

亦晴分辨不出，只觉罗欢宝的妈妈疼自己倒是真的，每次跟他一起回来，从不让她做任何家务，好吃的大包小包地买，搂着她“闺女闺女”地叫。他家传了三代的祖母绿戒指，在亦晴到他家的第一天，便被老太太强行套在了无名指上。

罗家老太太，是亦晴的软肋。

也是罗欢宝的撒手锏，他豁得出去，舍得一身胆，敢把老娘拉下马。

反正高血压，人又不会死。

可已足够吓坏亦晴。

之后第二次、第三次提出分手，罗欢宝当然用的，也是这一招儿。

03

“来找我”代理分手的业务信息，亦晴是在三次提出分手失败告终后的一个月，在新浪微博里看到的。

有几个名人，包括蔡康永什么的都在转发，询问“真的假的”，当然，包括媒体的报道，都是从批判的角度进行的。

亦晴看到时心一动。这一个月，罗欢宝早出晚归，对她不冷不热，她以为他对她也心灰意冷，几次想分手再提，他又不停地接电话，走到隔壁房间关上门，神神秘秘，说话轻声慢语。

她默认了他这些举动，不闻不问。最好他有了新欢，自己也好就此脱身。

本想等到他向自己摊牌，不承想在网上看到这代理分手的信息，鼠标一点轻易搜到联系方式，电话打过去，异常顺利。

第二天收到他们快递来的计划书，专业到让她慨叹“他们不去做职业编剧真是可惜啊”，也不知道拆散了多少对情侣。

打电话同意让对方在隔天实施计划时，她没头脑地问了一句：“听说小三找你们代理分手，你们也接，是不是有点缺德？”

“当然不，如果元配夫妻的感情确实情比金坚，岂会是我们所能够撼动的。我们不过是将他们名存实亡的夫妻生活提前几年结束了而已。”

“但很多夫妻离婚，其实也没有多大的问题，还不都是鸡毛蒜皮的小事。”

“话是这么说没错了。但如果鸡毛蒜皮的小事都能离婚，说明感情还是不能如‘磐石’。其实，要看怎么想，我们认为，对女人来说是有利的，早点验证了男人的不靠谱，趁着青春尚在，还能继续寻找个适合自己的好男人。等到熬了二三十年，才发现男人养着小三，包着四奶，那时候离婚，人老珠黄，姐姐，谁还要她们啊？”

“……真够强词夺理的。”

“好啦，别关心这个了，等待着我们的好消息吧。”

亦晴是这样打算的：先把东西慢慢收拾好，等到“来找我”开始实施计划时，她一边配合，一边准备随时抽身。当然，最好换个手机号码，租个房子搬进去，等他慢慢接受了，再搬回爸妈给自己买的那套两居室。

眼下他们住的房子是罗欢宝的老妈买的，牵扯不到房产财产分割问题。她要做的，不过是清除自己住过的痕迹。

但一想到以后成为陌路人，亦晴的心又隐隐作痛。

再对罗欢宝好一次吧，也不枉这几年两人曾经在一起的青春懵懂时光。

好分好散，大家都是这么说的。

说到做到，先叫来小时工打扫房间，换了新的床单、桌布和窗帘。下厨做好两荤三素一汤，开上一瓶香槟。

打开所有房间的灯，烛光晚餐就不需要了，免得他会错意。

再套上蓝色的家居服——听说蓝色可以稳定人心，不会让人的情绪过于激动。

剥掉菠萝蜜的子，清洗一番，连同切好的野生猕猴桃做了个水果拼盘，插上俩铁叉，边吃边等。

这一等就等到凌晨3点。

原本以为亦晴早就睡了，开了门蹑手蹑脚地进来，转头看到她时，罗欢宝的舌头开始打结："你、你、你，怎么还、还没睡？"

亦晴想，最后一次了，她控制住自己的情绪，笑笑："当然是在等你。"

"等我……等、等我做什么，你、你不是一心一意想、想、想跟我分手吗？"待走到餐桌旁，"这算什、什么？最后的晚、晚餐？"

"你这么晚回来，是去做了什么？"

刚刚还气场十足的罗欢宝，听到这句话后态度大变，赔着笑说："你，你不是不管我吗？我出去应酬而已。"

"既然你已经吃过了，那么，现在我开始吃了。"亦晴拾起碗筷，拿到微波炉里加热，重新回到餐桌旁坐好，视若无人，慢吞吞地吃起来。

罗欢宝在沙发上斜靠着，看着她吃，不知过了多久，他突然问："亦晴，我能求你件事吗？"

居然用到"求"字？亦晴看着他："你说。"

"那什么，"他口气犹豫，"如果我说出来，你能保证不生气吗？"

不，我开心还来不及呢："你说，我不生气。"

"我是说，如果……如果我们分手，你能把之前我妈送你的祖母绿还我吗？"

亦晴没想到他问的是这个，一时有些失神，反应过来后，迅速摘下手上的戒指递给他："哦，当然。"见罗欢宝没接，她直接放在餐桌上。

“宋桂平说，希望由我来告诉你我们的事情，这样才够诚意。所以，亦晴，很抱歉，我同宋桂平好了。”

——宋桂平？

亦晴几乎怀疑自己听错，那个曾经在初中时见到自己就吐口水的宋桂平？唆使男生打闹时故意往她身上撞，撞得她一个趔趄趴在地上，膝盖和手上破了皮刚好，又故伎重施。整个夏天，她的膝盖和手，都结着痂。

每天上课时都要找被宋桂平不知扔到哪里的板凳和书包。往她的头上吐嚼过的口香糖也是家常便饭，吐时还会用手使劲儿搓，她要花很久很久才能把粘连到一起的头发梳开。梳不开时，只能用剪刀剪。那时的亦晴常顶着一头奇怪的发型上课，便是拜她所赐。

亦晴无从知晓自己到底哪里得罪了宋桂平，她所能做的，只是不论宋桂平做什么，她都保持微笑，哪怕事后在被窝里哭。

没有人告诉一个人寂寞成长的亦晴如何应对这些事，大人无暇顾及，亦晴对爸妈也讲不出口。有天她在一本书里看到，说不论你的敌人对你做了什么过分的事，都要保持微笑，因为这是他们最不想看到的。

她便按此执行。被捉弄的次数越多，她越是保持着一张笑脸，可似乎正是这样激起了宋桂平的怒火。那时的宋桂平膀大腰圆，有两个亦晴重，班内的女生几乎都被她欺负过，其他女生在被宋桂平捉弄后大哭，再没有第二次。唯独对亦晴，宋桂平乐此不疲。

也许，看别人哭，能让宋桂平满足。

亦晴明白得有些晚，否则她愿意当着宋桂平的面大哭一场，如果示弱能让自己避免吃更多苦头，何苦一个人寂寞又凄苦地装坚强？

亦晴很快考入省重点高中，宋桂平则去了职高。录取通知书下来的那一天，比起自己被录取，让她更高兴的大概是“终于摆脱宋桂平了”。没想到一晃十几年后，宋桂平又重现。

那是在半年前，她和罗欢宝在商场逛街时，被站在化妆品柜台里的宋桂平认出，她的体重并没有多大变化，依然胖。但白皙的肤色油光可鉴，穿了一件黑色的小礼服裙，收腰加蕾丝，整体还是臃肿，只是已经懂得如何取长补短，比起当年，好太多了。

亦晴脸皮薄，假意寒暄几句，不料在得知罗欢宝在瘦身药厂做企划，宋桂平格外感兴趣，死活要了手机去。

同宋桂平的那段纠葛，亦晴并没有同罗欢宝多言，倒不是觉得有多丢人或者不愿揭开伤疤，而是执著地认为，此生都不会再同她有任何交集，干脆不提。

有次路过宋桂平上班的那家商场，偶然想起，回家便问罗欢宝，她有没有同他联系。罗欢宝淡淡地说联系过几次，怪烦人的，没说几句话。

——那他们是从什么时候开始，多说几句话的呢？

见亦晴不说话，罗欢宝抬高声调："是不是有点为难？"

"……啊，抱歉，我有点恍惚，我真不知道，你比较喜欢……"初中时她对自己所作出的种种龌龊事，亦晴发现自己还是不愿提起，但掩饰不住的无法抑制的厌恶语气，"……丰、满、型的。"

"我送了她我们公司最新研发的产品，倒是减了三五斤，不着急，慢慢来呗。"罗欢宝倒是挺乐观，"我说，咱们能不能别这样啊。前一阵你一直闹分手，现在也别装了，你不是早就抱着离开我的心吗？不过继续找时机而已。现在我找了别人，你巴不得才对啊。现在咱皆大欢喜啊，皆大欢喜。"

——真会说话。放心，当然，我不会赖上你。

她挑挑眉毛："所以？"

"所以你看，你能在今天晚上之前就搬走吗？"罗欢宝的一只手紧抠着另外一只，"她……她有点着急，想……早点搬进来。"

04

“是‘来找我’情感资讯中心吗？”

“您好，请问我可以帮到您吗？”

“帮我转朱友。”

“请稍等。”

“您好，女士，我是朱友。有什么需要我为您效劳？”

“是这样的，将于明天开始启动的编号为10367的分手代理协议，我想推迟或者取消。”

“方便问下是什么原因吗？”

“我这里出了点小意外。”

“是您改变了心意？”

“不，当然不。我需要确认下，你们能够做到像保密书里写的那样，彻底保密吗？”

“女士，这点请您放心，如果我们做不到，是自砸招牌。再说了，诚信服务，严格为客户保密是我们的服务宗旨。”

反复挣扎过后，还是决定和盘托出：“我男友有了新女友，今天刚向我提出分手。”

“您需要我们怎么做呢？”

“我还没有想好，你们除了代理分手协议，还做其他的吗？”

“当然，我们可以把这份分手协议稍作调整，改为拆散野鸳鸯协议，成功拆散您男友和小三，然后您再签署一份情侣复合协议，我们会让您和您的男友扫除一切隔阂和误会，重归旧好。”

业务果真全面。

“如果都不是我想要的呢？”

“那我们可以根据您的需要，作出各种调整。没有做不到，只有想不到。”

“我并不想同他和好，也不需要他和新女友分道扬镳。”

“请您明示。”

“嗯，那个女生，曾经让我度过了一个噩梦般的童年。”

“您讲。”

“本来一切都可以释怀，我很感激她在这个时候收走那个垃圾男人，但在她的怂恿下，他居然限我一天之内迅速搬走，就像赶走一个乞丐一样，我很难咽下这口恶气。”

“确实很过分，我能理解您的心情。”

“我早就不再像年少时任人搓圆捏扁，我要她付出代价。”

“……对，出来混，迟早要还的。”

“我知道有一样东西，她非常不想要。我需要你们帮我做到，在接下来的日子里，她最不想要的东西，反而累积最多。”

“……请您明示。”

亦晴轻轻说出口，饶是对方见过世面，她依然从电话里听到吸冷气的声音。

但也只是停顿了三五秒，重新恢复一贯的冷静口吻。

“也不是办不到，只是时间成本和金钱成本，不知道您有没有考虑过？”

“按照刚才我说的计划，你的预算是多少？”

“有点难说，视我们进展程度的顺利与否，少则仨月，多则半年。”

“三个月多少，半年又多少？”

对方报出一组数字。

沉吟片刻：“呃……能打个折扣吗？”

“服务费可以给您打个八八折，但是您的这个计划书格外特殊，会涉及一些实体店的消费，这就不是我们所能控制的了，希望您能理解。”

“好吧，那就这样，还算在我得承受范围之内。”

“好的，女士。那之前的分手代理协议我们就彻底取消？”

“是的。我会按照合同支付你们15% 的违约费用。刚刚敲定的这个计划书，明天我可以拿到计划书吗？”

“违约金就不需要了。我们调整一下方案就行了。明天下午3点前，我会把新的计划书发到您的邮箱，届时请您准时查收。”

“期待你的计划书。再见。”

“再见，女士。”

05

宋桂平下楼去买早餐。

罗欢宝一个人靠在床头，打开电脑，从床头柜摸出盒烟，掏出一支点着，边吸边想：有谁受得了女人主动加全能呢？

宋桂平追求自己时简直比自己追求亦晴时还要猛啊有没有；天天办公室送饭送汤啊有没有；来自己家第一天时，修好了经常堵着的下水道啊有没有；顺带把插线板也给搞定了有没有；还帮自己打了一个游戏的通关啊有没有；又送了一堆装备啊有没有……

自从两人同居，温柔、体贴、贤惠、善解人意的宋桂平女士，用她的实际行动，让罗欢宝充分体会到了生活在父系氏族社会里的男人幸福感:同样都是上班族，脏活儿、累活儿人全干，人还一句牢骚都没有。

这才是结婚的好人选啊。他想起大学时追求亦晴的日子，真辛苦，可是大学里所有发情的男生追求女生，都像个孙子似的低声下气、委曲求全——对对对，是是是，求求你。所以当然他也没得选择。可谁规定了你们女的就一辈子是公主？敢情我们男的把你们追到手以后，还得继续当孙子？孙子你妹啊，鱼已经上钩了，凭什么我们男人不能翻身农奴把歌唱，当家做主当大爷？

吵架时亦晴常说的话是，你变了，上学的时候不是这样的——亲爱的小妞，你为啥不去周边转一转、看一看，走过路过不错过，大学里曾经都是孙子的男生们，现在哪个没变？什么？难以接受，难以接受你可以待在学校一直别出来呀，谁求你出来了？

天真地以为我老妈有多喜欢她，就真把自己当成她老人家的准儿媳了，亦晴同学你未免太天真了，我妈还不是听我一句话，全家人配合我，陪你演戏罢了。

如果没有宋桂平出现，也许就这样一辈子演下去了。

当然，一切也不是那么尽善尽美，尤其在每个早上醒来看到宋桂平的第一眼时……但在每次宋桂平将房间打扫得一尘不染、餐桌上摆好四菜一汤、在自己打游戏时端来削好切好的水果放在床头时，他开始确定：所有的摇摆、怀疑和犹豫，都是愚蠢的。

这才是人过的日子。

——呃，好吧，只是有时候罗欢宝也会头脑清醒些，当然不能自欺欺人，作为一个顶天立地的男人，要勇于直面女友的肥胖。

再说了，实在受不了，可以让她减肥嘛。

但罗欢宝轻易不敢给宋桂平吃自己公司生产的减肥药，那些经过自己所在策划部包装的减肥药，上市后广告里吹得天花乱坠，牌子打得震天响，但几乎每款都含违禁成分，对人体尤其是五脏六腑有着相当大的副作用，更有多得数不清的潜在隐患。

他只敢拿那么一两款违禁成分极少的药让宋桂平试效果，恶心头晕、心慌胸闷……各种反应都有，宋桂平病恹恹地躺在床上，做不了家务，更落下一堆埋怨。改换锻炼吧，每天早上五点多出去，陪宋桂平跑了一个月，他瘦了六斤，宋桂平长了两斤，外带练出一腿健壮的肌肉。去美容院做按摩，精油、点穴，大把时间撒在那儿，倒是减了几斤，可一不去，又迅速反弹。

饿着？对于嘴里一会儿都不能闲着的吃货，让她饿着，有比这更惨绝人寰的事情吗？关键人家也不干啊，辛辛苦苦上了一天班，恨不得瘫死在床上，人却克服了疲惫，打起精神从超市里买菜买鱼买肉给做了一大桌，伺候你吃香的喝辣的，回头不让人家吃？不做还好说，想不起来吃，忍忍饿饿也就过去了。可不做，罗欢宝又受不了，去饭店吃，哪有家里的干净味道好？做了，一道道美食放在眼前，就算不饿，馋虫也会从肚子里爬出来哭着喊着“求撑死”啊。

减肥大业没有任何进展，宋桂平被罗欢宝逼得急了，也是有脾气的。

“你就是嫌我胖。”

“没……喜欢还来不及呢。”

“那天天让我减什么肥？我不减了，谁爱折腾谁折腾，反正老娘不干了。”

“我为了你好啊亲爱的。人太胖，就容易得疾病，比如高血压啊，糖尿病啊，我想和你好好过日子啊，你想想，将来咱们有了孩子，你可是咱全家的顶梁柱。”

“少来这一套。反正你就算是把好话说尽，老娘也不干了。Nancy说了，人就活这么一辈子，何必对自己要求那么严格？天天饿着，有啥人生乐趣可言？”

见宋桂平真的急了，罗欢宝想，真正的男人，要勇于直面女友的大饼脸，敢于正视女友的顽固性肥胖……

“算了，随你。……Nancy？ Nancy是谁？”

“Nancy就是刚搬到我们楼下一层的那个女生，我前几天有指给你看。”

他漫不经心地点头：“是吗？”

“她竟然在蛋糕店上班，是个糕点师呢！”

“那又怎么样？”

“她说以后每天都可以给我带蛋糕吃，反正她每天都有尝试新口味，就当请我试吃，给她做评委提意见了。对了对了，她还说，有时间还可以来家里做给我们吃。”

“这么好？”

“是啊，你看这早点，就是从她家里拿来的。味道不错吧？”

“嗯，挺好。”

宋桂平从 Nancy 那里拿回家的蛋糕，黑森林、提拉米苏、松露巧克力、巧克力榛子……味道都出奇地好，好到让罗欢宝这样一个对吃的东西不痛不痒的男人，在吞咽的时候，都会恨嘴巴咀嚼的速度过慢，抢不到宋桂平嘴边的第二块。

Nancy 下班晚，晚上十点多的时候才回来，但每天都会给他俩带上一两袋新出炉的蛋糕。他俩晚上吃了当夜宵，宋桂平常恨黑夜太漫长，要到隔天早上才能吃到 Nancy 在自己家里做的招牌甜点。

有些甜点，她只肯在家里做，店里是不卖的。听 Nancy 讲，是老板认为成本过高，价钱定高了顾客买得少，定低了又不够折腾，制作工序那么复杂，时间成本也高，许久才做出来，太不划算。倒不如做些工艺简单又迎合大众口味的。

——所以就只做给自己吃。

开始宋桂平挺不好意思，觉得白吃白拿占便宜没够，她便隔三差五也送些小礼物给 Nancy，香水啦，衣服啦，公仔啦，Nancy 开始还推辞，架不住她强塞强送，也就半推半就地收下了。

接连吃了五个多月，宋桂平不知道自己到底吃了 Nancy 多少蛋糕，它们，成了自己每天早上醒来时最幸福的期待，正是因为有了它们，她才拥有了无数个甜蜜的清晨。

直到 Nancy 生病，那些甜蜜的清晨，以摧枯拉朽之势，一去不复返。

Nancy 大半夜发神经，一个人在冬天，吃掉了整整一罐500克的摩卡杏仁冰激凌，深夜两点多大姨妈突然造访，整个人疼得死去活来，只得打电话向离自己最近的宋桂平求救。

宋桂平接了电话，穿着睡衣跑到她家，熬了红枣红糖水，又煮上一锅小米粥，热水袋里装好滚烫的水，放在 Nancy 的肚子上帮她焐，守了她大半夜。

Nancy 侧躺在床上，手托着腮，目光游移不定。宋桂平见她一副欲言又止的样子，调侃道："该不是感动得想要以身相许吧？"

见 nancy 嘿嘿傻笑，她又说："可我已经有主了啊，而且我短期内没有做变性手术的考虑哎。"

"呃……桂平，其实，其实，如果我说，我做了一件很对不起你的事，你会原谅我吗？"

"你？很对不起我的事？怎么可能！再说了，你天天请我吃那么美味的蛋糕，不论你做了啥对不起我的事，我都原谅你。行了吧？"

Nancy 的脸，由青变白又由白变红，说话越发吞吞吐吐："我……"

"好了好了，别说了，你刚才疼那么厉害，睡会儿吧。明天最好别上班了，折腾了一晚上。这女人啊，最不能熬夜了，跟生了一场大病似的。"

宋桂平顺手帮 Nancy 掖了掖被角，正要离开，发现 Nancy 怯怯地抓住她衣服的一角："桂平，其实我要说的，就是蛋糕的事情……"

……

刚刚还在为自己吃了 Nancy 那么多免费蛋糕，而慨叹自己今天总算能回报她一二的宋桂平，缓缓从沙发上站起来："你的意思是说，有公司雇用你这么做的？"

"这五个多月以来所有蛋糕都是有人付过钱，指使你来免费送给我吃？"

06

“您好，欢迎光临‘谦谦君子’情感服务中心。”

Nancy冲前台小姐招手：“朱姐来了吗？”

“到了，她在315会议室等您。”

“好的，谢了。麻烦帮我倒两杯咖啡。”

“没问题。”

宋桂平跟在Nancy后面，一路打量：“你们公司还挺气派，谦——谦——君——子，”她一字一顿地念着，“谁见过谦谦君子干这种勾当的？”

Nancy赔笑：“桂平，有市场就有需求，有需求我们就得满足，正是为了帮助大家合理地解决各种情感问题，才使得我们这个行业应运而生。”

大厦的整个三层，都被“谦谦君子”买下，几百平方米的格子间，倒有一半空着。格子与格子之间，放着各种绿植、公仔，粉掌、文心兰、蝴蝶兰、栀子、发财树……倒也姹紫嫣红。格子里的人当然也没闲着，有的在桌前翻看资料，有的看上去正热情洋溢地打着电话，也有三五儿个凑成一块，悠闲地喝着咖啡。

“看来你们招兵买马买得还不够多啊。”

“都出去跑业务了。”Nancy不愿多作解释，走过一个拐角，看到会议室的门大开，几个跨步，“朱姐，这位便是宋桂平小姐。桂平，这是我们分管我们部门的朱友朱经理。”

宋桂平挑衅地看着眼前的女人，顶多二十七八岁，黑色的收腰职业装，系了件糖果色的丝巾，头发显然是新做的，刘海有些短，小牛皮靴子踩在地板上噔噔作响。

“你是在什么‘来找我’负责亦晴那个贱女人案子的？”

“宋小姐，请坐下慢慢谈。”朱友从抽屉里拿出一份资料递给她，态度不卑不亢，“我的确是从‘来找我’那里跳槽过来的。公司新成立，请您多指教。”

“指教我哪里敢，你们当初没把我搞死，真是要谢谢你呢。”

“……呃，非常抱歉，宋女士。我也是没办法，收人钱财，替人消灾。请您谅解。”

“挺好的，”宋桂平突然拍着自己层层叠叠的游泳圈肚子，让朱友觉得整座楼都在咆哮，“拜你们所赐，我半年内长了25斤！ 25斤啊，要不要我从市场上割来25斤猪肉，堆在你的办公桌上让你好好看看！你多有成就感，你说启动方案就启动方案，你说跳槽就跳槽，你还当经理，当你妈个头啊！”

脸、臂膀、胸、肚皮、肚腩、腰、大腿根、小腿肚……所有部位的肉都在晃动，像是有人在上面穿连了一条线，此时被宋桂平一吼，启动了总开关，丁零当啷上下左右晃荡，伴随着她因为过度愤怒嘴里喷出的唾沫星子，惨不忍睹啊惨不忍睹。

朱友想：谁让你管不住自己的嘴，你要定力好，哪儿来的25斤肉？

“宋小姐您别生气，当然，我能理解您，您看您看，就那点小恩怨，她居然采取那么极端的方式对您，我实在看不下去了，所以才跳槽来到这里。”

“那为什么 Nancy 跟我说，她目前还在‘来找我’。”

“是的，她是我之前的下属，在那儿做兼职的。我先跳槽过来，她在那边卧底，不过下周一会正式来这边。”

“还卧底，你当你们拍间谍片啊？”

“咳咳，您看，Nancy 出于愧疚和感动，向我汇报了您对她的好，我也觉得很过分，像您这样的好人，怎么能受到这种待遇呢？本来我们这个行业，应该是绝对为客户保密的，我冒着天下之不韪，特意为您复印了一份，让您彻底明白整件事情的来龙去脉。君子报仇，一天都晚。您看，我们能为您做些什么？”

“哼，你们哪里是觉得我好，不过是想开拓业务而已。当我傻？”

“话不是这样讲啦，如果我继续不闻不问，那还不知道您要继续长多少斤肉呢。请您相信我，这么大的仇，一天不报，咽不下这口气啊，宋小姐。我们公司业务很多，可以代人道歉、帮人泄愤、代理分手……而且公司刚成立，您要是想做，给您打七五折怎么样？”

“七五折？我不去告你们就不错了，还收我钱？”

“宋小姐，道理不是这样讲的，虽然亦小姐在您身上实施的计划书有些缺德，但是在法律允许范围之内的。您即便是告我们，法律并不支持。与其在这方面做无用功，倒不如想想怎么报仇。”

宋桂平冷静下来，她坐回沙发，端起茶几上的咖啡，轻轻抿了一口，跷着的二郎腿踢着茶几，一下、两下、三下……

朱友觉得自己的耐心已经快被耗尽的时候，突然听到对方说：“老罗说，亦晴最希望的事情，便是30岁之前能够嫁出去。既然报仇，当然是对方哪儿疼往哪儿戳。”

“……呃，当然，当然……只是可能需要比较大的人力和时间成本。”

“五折，低于五折免谈。”

朱友咬咬牙，为了业务拼了：“成交。”

07

现在的年轻人真不靠谱。

亦晴推着购物车，漫不经心地在超市里挑水果，边走边想，刚刚还在MSN上传情，小情话说得让她都臊得慌，约你出去玩啦，唱K吃晚饭啦，周末出去郊游啊……她回复说考虑考虑，转头人家就跟没发生这种事似的，绝口不提了。

比如说，公司里的小周、阿杰、刘硕……往她手机上发的暧昧短信几乎是狂轰滥炸型的，最近看到她，突然变得跟看到债主没两样，全躲着走了。

自从同罗欢宝分手，亦晴像是进入了桃花期，各种烂桃花争相开放。摒弃了以前拒人千里之外的态度，也想从几个追求者中找个靠谱男，可你来我去几招刚出，还没轮到她拿捏几番，又都消失不见。

不论什么原因让那些曾经对自己有好感的男生止步，她都不会觉得遗憾，只是有些困惑罢了。

放酸奶的货架正对着一个反光镜，亦晴低头挑的时候，刚好瞥见一个穿着白色衬衫的男人站在自己不远处，正若有所思地凝视着她。

没有哪个女人会介意被外表俊朗的男人凝视。

亦晴也不例外。索性转过身，以同样的方式注视着对方。卡其色的西裤料子极为舒服，手感一定很好，可惜看不出什么牌子，只觉对方整个人有种独特气质，气场强大却并又不逼人。

见亦晴看他，他大方走过来："买酸奶吗？"

"……是啊。"

"国产酸奶最近卖得不太好，添加物含量老超标。这几款进口酸奶销售量不错，你可以试试。"他从货架上挑了几罐酸奶放进她的购物车。

亦晴笑着接受，她并没有同陌生人搭讪的本事，又不愿意就这么离开，主动要联系方式，会不会过于主动了呢，正犹豫，听到对方说："本来想打个电话，约你出来谈。没想到在这儿碰到你，如果你有时间，我们能换个地方聊聊吗？"

听这语气像是认识，亦晴重新打量着眼前的男人，确认没有任何印象后，问道："你是哪位？"

男人从钱包里抽出一张名片递给她。

"'来找我'情感中心总经理，陆昊。"

08

咖啡厅的灯光永远那么昏暗，像是开了度数大的白炽灯就显得店主没有品味似的。

亦晴伸个懒腰，生了几许困意，陆昊见状，笑道：“咖啡厅挺治失眠的，应该在全国范围内大力推广普及，广大失眠患者有福了。”

亦晴有些不好意思，讪笑着转移话题：“几天前朱友给我打过电话，说一切进展顺利。怎么把您给惊动了？”

“她察觉到我要关掉公司，早在一个月前就跳槽去了别家。所以……”

“去了别家？关掉公司？那你今天找我的来意是？”

“其实当初开‘来找我’，只是想尝试下这个行业，本意是想帮人处理感情危机，让那些因为各种误会而错失的恋人，重归旧好。没想到客人要求越来越多，我们也只好跟着拓宽了业务。接的案子多了，什么幺蛾子都有，远远超出我的心理承受底线。也许本身开这个店就是错误吧。尤其有一些客户让我对人性有了新的认识，觉得倒不如开家超市，让人省心些。索性关门大吉。”

“这样啊。”

“其他客人的业务都在很短的时间内结束了。只有你的特殊一点，早就想同你沟通，我也是最近发现她复印了你的资料，去新公司拓展业务了。”

“你的意思是……”亦晴有些惊讶。

“所以我想问下你，最近，有什么特别奇怪的事情发生吗？”

“……这么说来，倒是有点儿……”

“我拜托朋友去帮忙查，据说她把你的方案拿给当事人看，对方也找她设计了方案作为反击。对方的要求是，破坏心仪你的男人对你的好感，至少……至少保证在你30岁之前嫁不出去。我初步猜测，可能是你的电脑或者手机中了病毒，被他们监控了。”

亦晴先是呆住，又大笑，眼泪都流出来了。

陆昊有些手足无措，只得诚恳道：“损失这么大吗？虽然是你找到我们，但毕竟一切都是因我们而起，加上我的管理出现问题，才出了这个纰漏。公司我已经关了，但如果你有需要，我愿尽全力弥补。”

“损失，”她笑着擦掉眼泪，“不，我并没有损失什么。相反，她帮了我很多忙，理应谢谢她才是。”

“帮忙？咦，我明明查到……”

“明明查到，她帮我过滤了很多不靠谱的男人。”

陆昊突然想明白，温和地笑：“你说得对。”

亦晴站起来：“陆先生，如果没有什么事情的话，我要走了。谢谢你为我所做的一切。”一直保持笃定的陆昊突然站起来：“亦小姐，呃，你、你、你，”他有些结巴，“如果在他们破坏的情况下，你真的在30岁前嫁不出去，愿意和我试试吗？”

亦晴看牢他，并没有开玩笑的意思，索性痛快作答：“行啊。”

陆昊笑了，鼓起勇气，又问：“既然你答应了我两年后的求婚，那么应该也不介意我在我们婚后的前两年提前向你求婚吧？”

“啊？”

“我不知道后面还会发生什么事，但我相信，如果两个人真的相爱，是任何外力都不能破坏的。如果被破坏了，一定是爱得不够深。”

“这我相信。所以我每天都在等待，我相信，真正适合我的那个人，一定在来的路上。”

——真正适合我的那个人，一定在来的路上。

陆昊感觉自己的心，因着这句话，怦怦怦，要从胸腔里跳出来。如果这样能够把自己的诚意彻底表现出来，我也不介意啊。他想。

重新组织一遍语言，打好草稿，他缓缓说道："关了'来找我'之后，我开了一家超市，就是我们遇见的那家。这对我来说，是新的尝试。"

亦晴没有讲话，专注地看着他。

"开超市能否盈利，我从没担心过。因为只要人们走进去，超市里摆满的琳琅满目的商品，会诱使那些原本不想买任何东西的人大肆购买。"

"好像是这样，"她莞尔，"比如我，一周不去超市，生活照样过，也没觉得缺什么。可一去超市，就打不住，见什么都想买。薯条啦，酸奶啦，饮料啊……"

他打断她："如果爱一个人，能有这样的自信该有多好，不担心她不爱我，只担心遇不到她。只可惜，当我们爱上一个人的时候，总是那么自卑。"

"有点道理，但也不全是这样。有时候，爱情能让一个懦夫像冲锋上阵的战士。"

"所以亦晴，我知道这很唐突，但你的确是我看到第一眼时，便让我有想要启动开超市的自信。你愿意试试和我在一起吗？"

咖啡厅灯光昏暗，自有昏暗的好处，总要昏暗，才能制造暧昧氛围。

亦晴重新坐到位置上，她听到自己问陆昊："你手机号码多少？"

End

友达以上，恋人未满，
这大多用来形容红颜与蓝颜知己。
他们之间比朋友更贴心，
却又比恋人少一些；
他们彼此倾诉心事，分享成功与失败；
他们不暧昧，彼此坦诚。
当男生们在追忆那些年曾经追过的女孩时，
也一定会记起那些年帮他们追女孩的女兄弟。

隐匿之爱

女兄弟

Love is so soft and warm beside me,

if I were to give my heart,

it would have to be

to you.

那些年陪你走过的女孩，

除了你给了承诺的女朋友，

还有真正交心的女兄弟！

article by

陈麒凌

01

面试那天，临时被叫去人事部换墨盒，杨川不熟练，染了几个指头的黑。

在去洗手的时候，盥洗台的大镜子照进一个人，杨川抬头看了镜子一眼，她黑发红唇，不是特别漂亮，但那利落洒脱的举止，有种强大又冷静的美。

一如镜子里的所有女人，她也左顾右盼，整理着头发。杨川知趣，低下头把泡沫冲净，甩了甩手，正要离开。

“等等，来帮个忙。”她看着镜子。

“我？”杨川奇异，他根本不认识她。

“我后面有根白头发，不知怎么长的。”她拧着脖子，有点费劲的样子，“还揭竿而起，翘起来了。”

她的短发很黑，浓过最深的夜色，哪里有什么白头发。

“我够不着，你帮我拔掉，过来呀。”她皱皱眉，好像在跟熟人说话。

杨川只得走近，必须得这么近，才能看清楚她的发丝，这真有点尴尬。他把身体拉远，努力往前伸着头。别扭的姿势。

她的头发黑亮滑顺，淡淡的、很干净的香气。

“看见没有？”

“嗯。”他发现了，细细的一丝小白发，微微摇曳着。

“拔掉。”

“好。”他笨手笨脚地拈起来，想了想说，“可能会疼一下。”

“别废话，快点！”

他这才扯了下来。她回过头，拈过这根头发说：“可怜白发生。”

转身走开几步，又停住，杨川以为她要补一句谢，谁知她说：“你别以为我很老。”

她当然不老，只看面貌，她甚至比玫玫还小，只是那份气场是玫玫再长十年也未必有的，玫玫是那样小鸟般怯怯地、永远无助地躲在他背后的女孩。

玫玫在等他，她刚从行政部溜出来。面试的是他，紧张的却是她，绞着双手，忧心忡忡地转来转去。

“戴眼镜的那个男的说什么没有，他是人事部经理呀。”

“那个胖子呢，那个胖子为难你没有呀，他有时很凶的。”

“自我感觉好吗？不会有问题吧，阿弥陀佛，我在这儿给你求了一上午的佛了。”

杨川少不得好言安慰她一番：“放心吧，没那么差，就算进不了外销部，做保安也行，就算做不了保安，扫地的也干，一定能打进你们公司，一定能天天一起上班下班，一定一定在你身边。”

玫玫笑了，眼里莹莹闪闪，走廊上人多，她只能捏捏他的手。

02

他那刻的心情真是无限感慨。

十六岁那年他就给她承诺，虽然那时不懂什么，但从不后悔说过的那些话。

他说十八岁他们要一起上大学，去同一座城市，读同一所学校，坐在一个教室，一起去饭堂打饭。

他说二十二岁他们要一起毕业，留在同一个地方，进同一家公司，买一套房子，一起吃早餐上班、一起回家做饭。

他说二十六岁他们要结婚，她要穿雪白的婚纱，长发上戴朵金色的小皇冠，也穿火红的旗袍，鬓边插着红玫瑰，他们要去最美的地方度蜜月，什么地方最美，其实那时他和她也不知道。

这样的爱情很土气吧，可那就是他们的故事。这么多年下来，谁也离不开谁了，他是她的骨头，她是他的肉，没有他，她总是虚软软地立不住脚；她不在身边，他总是空悬悬地时刻牵挂。

其实，也有段不在一起的时间，还真不短，一年十一个月零四天。

毕业的时候，省城有家大国企来学校招人，他被选上了，玫玫没有，不过也找了个不错的单位，面试、笔试很顺利，都准备试用了，偏巧玫玫妈那段时间胃溃疡住院，要她回来方便照应。当时杨川也想跟着回来，但国企的合同签得死，违约要赔笔钱，他家境一般，这笔钱不是小数目，于是两人商量着先这样，等等再看。

一年十一个月零四天好长啊，每一天都是搓成无数粒分秒捏着过的，电话容易，视频也不难，但声音再近，面容再真，都不算此时此刻在一起。

那是不一样的。

她半夜发烧肚子痛，不敢吵醒父母，也不会打车去医院，只是抱着电话对他哭。她熬夜写的报告被主管改错了数据，经理骂的却是她，她也不会申辩，也不敢抱怨，只会在盥洗室里抱着电话对他哭。想从前朝朝暮暮的甜美，她哭；无端担忧将来的路向，她也哭。哭是她应对这纷杂世界的唯一方式，可不是每个人都会心疼那些眼泪，除了他。

既然没有那么长的手臂，穿越迢迢的空间去擦她脸上的泪，那他只能整个人地回来。

这是承诺。

03

杨川觉得自己像头牲口，被人拉出来走两步那种。

姚经理带他进了外销部办公室，人人都在对着电脑忙，也有说电话的，站着说的，将话筒夹在脖子和肩膀中间说的，语速都很急很忙，好像稍微慢点地球就会停止转动。

所以当姚经理说，这是杨川，新来的跟单员，你们谁带带？他们也是边看过来一眼边笑笑点头，而键盘上的手指没停，话筒边的嘴在继续。

在外销部里，跟单员和业务员是最紧密的搭档，业务员拼死拼活抢来的单子能否完美成交，全靠跟单员的醒目老练，谁愿意找个生手来冒险呢。

最多不过一分钟的停顿，他却觉得分外漫长，等着谁把自己领走，那点低微的巴望和凄惶。

“我要他。”声音从靠窗的位置传来，办公桌的蓝色屏风遮住了她的脸，只看见高扬的左臂，像拍卖行的举手。

“外销部的女超人，喻华。”姚经理很高兴，“杨川，你运气不错。”

她这才站起来，黑发红唇，利落洒脱，唇边一点笑:“已经见过了。”

他也笑了，也许是紧张，也许是紧张之后的放松，一时竟没想到什么得体的话，只是点点头。直到这天中午下班，他才好不容易想出几句荣幸、感谢、指教、包涵之类的漂亮场面话，在心里练了好几遍，可说出来的时候还是很生硬。

喻华嘲弄地看着他：“你一个老实人，何必为难自己说这些。”

他脸红了。

走出门就见到玫玫在楼梯口翘望，这时喻华回头问：“要不要跟我去吃饭，饭堂很差劲，我知道一个好地方，全公司只有我知道。”

他迟疑着该怎样回答，玫玫已经迎上来，挽了他的胳膊，温柔亲热地跟喻华说话，怯怯地但不无骄傲地笑着：“喻华，他是我男朋友，以后就交给你了，拜托多多调教。”

喻华反应得那么敏捷，话音未落，她已经咯咯地笑了:“怎么调教？一边调戏一边教？”

玫玫也被逗乐了:“你随意，想怎么调戏就怎么调戏，只要你不嫌弃。”

杨川有些窘，喻华笑着看看他，没再说下去。

就这样，他成了喻华的搭档。这的确是个强大的女孩，连续两年当选金牌业务员，做起事来就像踩着几个风火轮，英语口语又那么流利铿锵。据说，她的销售通常都在十分钟内搞定，一边约见大客户，一边在路上又敲下几个小客户。

她和客户谈订单，谈笑风生却滴水不漏，转过身来看样品，眼光又极其锐利，一点色差和瑕疵都蒙混不了。她还骂人，杨川来的第三天就见识到，有批到西班牙的货，货运代理搞错了交货时间，喻华带着他冲去人家的公司，劈头盖脸就一阵狠骂，那个男操作都快给她骂哭了。

出了门来喻华突然回头看杨川，想来那时他的表情也有几分震撼，不及调整，喻华问：“怎么，吓傻了？”

杨川直言：“那倒没有，不过我是有点胆小。”

“放心，我舍不得骂你哦。”她调侃着，见他有些不自在，又咯咯笑道，“你还真害臊了，这才叫一边调戏一边教呢。”

04

可是真的，和喻华搭档，这两年四个月零十二天，她没骂过他。

这很罕见，相处下来目睹耳闻她骂过经理、骂过同事、骂过客户，当然都是工作上的事，她真厉害，句句都辣，可句句都在点子上，而且神色冷静、思路清晰，即使被骂的人感觉讪讪，也不能不心服口服。

记得他跟的第一个单，新手吧，难免手忙脚乱，出货时包装箱贴少了个标志，发现的时候，货都到码头了。那是个湿冷的春夜，他赶到货仓，却发现喻华已经在那儿忙了。

他很愧疚：“真对不起，你回去吧，今晚我一定——”

“把那个箱子搬下来，你有力气，负责搬箱子。”喻华打断他，“哪来的时间说废话。”

“我不想连累你——”他搬着货箱，看她麻利地贴着不干胶。

“一条绳的两只蚂蚱不就是连着累的吗？”她戏谑地，却语气轻松。

那是很累的活儿，两千箱货，两千次重复枯燥地抬手低头，深夜两点多才完工，她累了，敲着后颈，捶腰，张开两掌看看，贴胶纸的满手灰黑脏，她皱眉。

整晚他都在不安，他想，随便她骂几句吧，或者埋怨几句也行。

谁知她突然笑了：“我得谢天谢地呢。”

“什么？”

“幸好货还没上船，能救得回来。”

“我的错，该批评、该扣钱的我都认。”

“少来了，你是我见过的失误含量最低的新手。”随即又笑着补道，“这句不是调戏，是表扬哦。”

走出门，春寒细细，凌晨街边寂寥，远远却见一蓬炭火。

喻华欢声指道：“烤肉串！那边是不是烤肉串啊兄弟！”

杨川说：“是啊。”

“你带钱包了吗？”

“带了。”

“钱包里有钱吗？”

“有啊。”

喻华瞪他：“那你干吗不请我吃？”

他笑着说：“好。”

好像她的心情因烤肉串变得特别好，黑冷的街头，暖红的炭火，暗暗地映着她的笑靥。她吃烤肉串的样子就是个小姑娘，在小学校门口随便能见到的小姑娘神态，又着急又娇憨，那心思是很单纯的，轻易就欢天喜地了。

走的时候，杨川打包了四串，小心地抓在手里。

喻华很伶俐：“给玫玫的？”

“嗯，不过她可能睡了。”

“睡了还打包，过夜就不好吃了。”

“我是怕她会醒，醒的时候突然想吃什么东西，当然她要是不醒就不用吃了。”杨川觉得自己很啰唆。

喻华笑笑，片刻才说：“玫玫真幸福。”

05

其实细细回想，写在纸上的那次，算不算呢?

喻华有个客户是伊朗的采购商，那年秋天来看厂，因为这次采购的电脑桌量比较大，原来的工厂应付不来，恰好杨川有个朋友阿章开了间家具厂，他好心帮人，就极力推荐给喻华。

当时喻华就说："其实做熟人的生意很冒险。"

杨川不解："这是双赢啊，采购商需要货源，阿章的厂需要订单。"

喻华看看他："你信他们吗？"

杨川笑了："当然信了，我们从小玩到大的，他人很好的。"

喻华不笑："我不管他好不好，反正我信的是你。"

开始挺顺利的，谈判、下订单、签协议，喻华出手总是不同凡响，伊朗采购商跟阿章的家具厂签了五年的协议，每个月三个订单。阿章的厂第一次接外单，一家老小上上下下高兴得不行，天天打电话要请杨川和喻华吃饭，喻华不去，淡淡道："吃个饭就熟了，熟人开口要钱，就难了。"

阿章的电话后来就少了，少到没有了，甚至杨川打过去也不接，一次又一次地不接。

杨川很信他，一起玩大的朋友，阿章的爸妈兄姐也亲如自己的家人。先前喻华因为他的面子，有意把佣金压低了许多，平常都是按总金额的3%，这次只在单价的基础上每张加10元，当时阿章的妈妈还感动得要命，搂着喻华的肩膀说："我们不会让你白辛苦的，这么年轻的女孩子到处跑真挺不容易的。"

眼看支付的时间一拖再拖，他才开始担心，却又在喻华面前帮阿章找借口，会计出差啊，赶订单很忙啊，资金周转不开啊，他心眼实，哪里会说什么圆溜溜的谎，幸好喻华也不怀疑，每次只说："行啊，没关系。"

他厚着脸皮、硬着头皮，终于有一晚在阿章家里摊了牌。这个他从小就玩到大的朋友，开口就叹气："哥们儿啊，不是不想给你们佣金，而是这个单我们根本就没利润啊，你看这一大家子都靠我，我爸妈想去欧洲玩一趟都舍不得，他妈的什么都涨价，工人天天要加薪，这日子还要不要人活！"

他什么也没说，出了门，在街上漫无目的地走，走了大半夜。

第二天上班，杨川却是兴冲冲的模样，把一个厚厚的信封放在喻华面前："2000套，每套10元，你数数对不对，阿章他们特别感谢你，总想请你出来吃饭。"

喻华瞥了他一眼："你那份呢？"

杨川笑："我也有，不过你的功劳最大，应该拿多些，上次阿章妈都说了，不能让你白辛苦。"

喻华笑了一声："出手真大方。"

杨川说："那当然了，他们一家人都很好的。"

喻华还是笑："这么好的人，那今晚就一起吃顿饭吧，邀请了那么久，钱也到手了，不去多不好啊。"

杨川咿哦着，喻华脸色一变："明明是个老实人，何必难为自己干这些！"

他很尴尬，又忽然难过起来。是的，自己是个老实人，没用，一个老老实实被自己朋友捉弄的人。

"你没和他签书面协议是不是，你不好意思仗着和他从小玩到大的情义是不是？"

"是。"他颓然地答。

"没关系，你早晚会学到这课。"喻华的声音和缓而冷峻，"好吧，现在你让开，我要出手，我要让他们知道，背信弃义就别想在这条道上混。"

杨川急忙阻拦："喻华，算了，真的，算了吧。"

他停了一会儿："二十几年的朋友，毕竟。算了吧。"

喻华生气了，她拍了下桌子，那是她骂人前的习惯动作，他等着，可是她咬着嘴唇，刷地坐下去，扯过一张纸飞快写起来。

“看吧！”她把纸拍在他手上。

满纸都是潦草的英文，他辨认得很吃力，却不料喻华忽地反手夺回，撕个粉碎扔进废纸篓。

“那是什么，我还没看清——”

“骂你的。”喻华恨恨地，却又莞尔一笑，“算了，信封拿回去，买房子的钱是吧，小心玫玫知道了。”

“她知道，没关系，反正买房子还差好多呢。你收下，真的，这是你该得的，你别管怎么来的。”

“不要！”

“你不要这钱，那我，我就没脸在这儿干了。”他虽然笑着，但是语气里的倔强她听得出来。

“好啊。”喻华一笑，把信封放进包里，“那我就要了。”

06

那段时间杨川很灰心。

特别怀疑自己，还有自己二十多年的人生，那些坚持是否可笑，那些努力有没有用，那些相信会不会很傻。他甚至怀疑自己回来得对不对，他有能力给玫玫幸福的生活吗，他凭什么给她安全感呢，玫玫妈问他什么时候才能买套房子，他都给不出个准确的时间。

怀疑的人不止他自己。有次运气好接了个大单，是个非常重要的美国客户，杨川心情自然是兴奋又忐忑，开始计划如何如何。哪想到下午就有人通知，上头怕他出错，这单子要换个经验足的人来跟，必须保证百分之百稳妥，重要嘛。

也说不上失落，好像该预料到不是吗？把客户资料交还经理的时候，他还很懂事地笑了笑。

谁知晚上喻华打电话来："确定了，让你跟！那个美国客户。"她似乎刚爬完楼梯，还喘着气。

"我不行，经理说了，要换个经验足的人。"

"你当然行，我知道！"她很急、很大声地在话筒里说。

"你听到吗，杨川？你行！"她给他打气。

他久久无言。

"知道我是谁吗？我是外贸界的金牌业务员，我是外销部女超人，我入行快五年了，我的客户遍及五大洲，我做成的订单过亿！你说我怎么牛的人怎么可能会看错人？！"她开始咯咯地笑了，"兄弟，你肯定行！"

后来才得知，这个订单喻华是怎么争来的。从东北出差回来，下了飞机直奔外销部经理室，拖着拉箱，身上还穿着北方零下二十几摄氏度天气的羽绒服，也不管经理在和谁谁谁谈什么什么，桌子一拍，直截了当："那是我最好的搭档，你不信他，就是不信我，你不让他干，我也立马不干。"

他不怕人家负他、害他，他只怕这样赤忱地信他。

就为了她这句话，真是豁出命去干。正是用工忙的时节，他一家一家去找加工户，全城二百多家大厂小厂他都走遍，从早到晚泡在厂里，几千箱货都要开箱一件一件亲自验检。一件一件地经过他的手，那些冰凉的器械仿佛在他手心里有了温度和生命，百分之百地稳妥。

那个月他整整瘦了九斤。

顺利出货那天，喻华笑着抬起右掌，他会意，响亮地与她相击。她的手掌小而柔软，力道却不小，开始的时候他只是虚虚碰一下，喻华不乐意了，她说有诚意的击掌相庆必须惊天动地排山倒海。

后来，这成了他们默契的动作，开心时是，流泪时也是。

其实，他不是轻易掉泪的人，男人嘛，总要扛得住。

有天晚上陪喻华见日本客户，喝酒是免不了的，杨川怕喻华受不住，抢着帮她喝了几杯，客户有心为难，白酒洋酒混了几种灌他，便大醉了。后来怎么散的，记不清了，只知道自己少有地话多，怨妇似的，舌头都打结了还要唠唠叨叨，说大学时代的梦想，说梦想的泡泡，笑自己的天真愚蠢，却又不想改变，说前途的缥缈，再擦眼睛也看不清的前程；说去加工厂跟单，整天赔笑赔小心赔时间，连个普工的窝囊气都得咬着牙受；说买房子不够钱，房价总在涨，玫玫的妈妈不给好脸，自己什么委屈都得忍着，怕玫玫知道了又担心又哭。

他太憋了，喘不上气来，要张大嘴巴来呼吸。

喻华静静地听着，拧了方热毛巾细细擦他的脸："哭一场吧，你不用永远都那么强，哭出来就好了。"

他没哭，倒是吐了喻华一身，想来真是狼狈不堪，还好她不计较，又像是浑然忘了，以后也没提过，却在他要交房贷首期的时候，晚上约他出来，随随便便塞了五万给他："本来就是你的，现在正好还你。"

"怎么会？"杨川惊诧。

"上次你自掏腰包给我那两万啊，到我钱包里就繁衍生息成了五万，告诉你啊，我的钱包是个聚宝盆，钱会越变越多，比股市还多。"她笑嘻嘻地说。

杨川坚决不要，他说自己的事情自己能搞定，她的钱赚得也不容易，他心领就是，推来推去地，喻华突然恼了："我不缺钱！一年上百多张单我数钱都数不过来！我缺的是一个能让我信的人！你知道不知道，让我第一眼就知道他是值得信的值得一辈子全心全意信的人！"

她喊着，声音有些异样，却突然背过身去，用狠狠的语气说："你走开，走远点，走！"

他捧着那大摞的纸币，愣愣地站在离她二十多米远的地方。

一会儿她若无其事地转身走来，脸上又恢复了冷静和自信。

“就当我借的，将来我要还你。”杨川把钱放进包里。

喻华戏谑地笑着：“你欠我的，还得了吗？”

他怔了一下。

07

直到离开公司的前半年，杨川的业绩已经非常不俗，年底的 KPI 考核分数名列全公司第二、年度优秀员工。经理有意让他独立接单，顺便带带新来的跟单员，他不肯，表面找的理由是自己英语口语差，还是跟单比较合适，心底的那个理由却是，他答应过喻华，尽管没说出来。

他们合作得非常愉快，她只管接单，厂家那边的事有他在，一点也不用操心，两年四个月十二天，客户的质量投诉是零。那次喻华半开玩笑说：“怎么办杨川，你太好了，要是你有天不干了，那我就完了，因为我再也找不到比你更好的搭档了。”杨川笑笑不答，心里却想：你干一天就陪你一天，又如何?

那次祖母大寿，杨川请了两天的假回家，酒宴喧闹中接到喻华的电话，他紧张，以为她遇到了什么急事，匆匆跑到僻静的走廊说话，却听到喻华在电话那边咯咯直笑：“没事，别急，等会儿要去见个厉害的客户，突然有点没底儿，想听听你的声音，好了，现在有底儿了。”他失笑，笑这个强大冷静的女超人有时也会这样傻傻地孩子气。

却想不到自己也会如此。喻华去德国参加展会，那一星期，好像过得特别缓慢无味，时常抬头望她的桌子，又笑自己无聊，难道望多几眼她就会突然出现吗？知道她爱干净，早上必给她擦一遍桌子，傍晚下班的时候，斜射的光柱里好像又有灰尘落下，便再擦一遍，他喜欢她的桌子光亮清爽。她回来的前一天，很想给她点惊喜，特意去买了几枝香水百合，繁花中她只爱这个，说这种花素洁又有风致。可是走到半路，又恐怕太过着意，想想还是留在了路边。走了一段路再回头望望，风里微微掀动的花朵，很美，但不能直接给她，也许永远不能，那种惋叹的依依。

其实那时已经有份新工作在等他了。大学的几个师兄注册了一间公司，留了股份给他，让他过来帮忙，无论薪酬和发展都很可观，他拖着，拖着，知道她还有半年就能升职，怎样都要再留半年。也就做好了辛苦的准备，两头跑，晚上加班，有时一天只能睡三个小时，落形落得厉害。喻华几次问起，他总笑说减肥，后来还是玫玫无意中说了真相。

那天傍晚加班，办公室只剩他们两个，杨川低头在做流程卡，喻华走过去说："下个月你就别干了。"

"干吗？经理都没炒我。"

"你别死撑了，两边操心两边跑，瘦得像个鬼。"

"没事，没那么娇气。"

"人往高处走，机会来了就得当机立断。"

"知道了。"

"那就听我的，明天就去提辞职，要不要陪你去。"

"再等等。"

"你别拖拖拉拉行吗？"

"不急，吃了庆功宴再走，再有几个月你不是要升职吗？"他笑笑。

她静静地站了一会儿，去茶水间冲了很久的茶。

再回来脾气就变得格外急："都快七点了，你弄完没有，我等着发给客户呢。"

杨川说："就快啦。"

她在找他的碴儿："你怎么这么笨啊！你这是什么效率啊！一个流程卡都要老老实实、吭吭哧哧写那么久，我真受不了你这又老又实的愚蠢，你知不知道我忍你多久了，你知不知道我有多讨厌老实人，在这个现实得要命的世界里，和一个老实人搭档就等于自愿陪葬！”

杨川愣了。

她狠狠心继续说：“你真以为没你我就找不到更好的搭档啊，没有你之前我照样干得风生水起、有声有色、欣欣向荣，你走了任何人都可以代替这个位置不用一分钟地球照样转美金照样赚，你以为自己真的很了不起，你是耶稣是释迦牟尼，还要拯救全人类啊？你别那么天真、别那么自恋，去照照镜子称称斤两好不好，求求你了！”

这是她对他说过的最重的话了，杨川默不作声，关上抽屉就走。

她脊背挺直地站着，高傲而凄凉地想，自己真的很会骂人。

她约摸着那个人该下了楼、走到院子里的时候，却终于忍不住跑到窗前去望，等他出来，该出来了，怎么还没出来？

却听到背后有人说：“傻乎乎地看什么呢？”

回头见杨川又折返，脸色如常：“忘了跟你说呢，昨晚那个取消订单的新西兰客户，回收的生产单是 OP 单——”

“你就别再操心了，行吗？”喻华喊，心情复杂难陈，“我又不是玫玫，动不动就满脸眼泪每分钟都要人护着宠着捧着，你以为你有几辈子，你以为你有多少颗心？！”

他就这么看着她。

“别这么老实地盯着我！”她避开他的眼睛，“好吧，我是讨厌老实人，他们总是天真得——让我一点办法也没有。”

他终于点点头：“好的，以后有什么用得上的，给我电话，朋友之间不用客气。”

“才不是你的朋友！”喻华转眼已经笑了，扬起右掌，用尽全力击一下他的掌，“兄弟，我是你的兄弟！”

他的掌心有轻微的痛楚，久久仍在。

辞职离开那天，喻华一早就出去办事，想等她回来正正式式道个别，等了半晌也不见人。走出公司院子的时候，还是忍不住回头望了一下二楼的窗，虽然明明知道她不在。

08

他和玫玫没多久就举行了婚礼。

十年前的承诺——二十六岁他们要结婚，她要穿雪白的婚纱，长发上戴朵金色的小皇冠，也穿火红的旗袍，鬓边插着红玫瑰。真的是这样，二十六岁，雪白的婚纱，金色的小皇冠，火红的旗袍，鬓边的红玫瑰，跟设想得一模一样。除了因为新公司业务太忙，蜜月要推迟一些，况且什么地方最美，玫玫还在踌躇，她要花很长的时间上网找资料，看别人的游记照片，还有旅行社的打折广告。

一个老实人，只擅长老老实实地计划，然后一点一点按部就班地实现，玫玫很满足，他也没什么不满意。

婚礼那晚，酒宴之后大家在KTV唱歌。喻华叫他出来，面对面地站着，背后的包房里音乐震耳欲聋。

开始她开玩笑地说:“我今晚喝多了点酒，等一会儿可能会胡说八道。”

杨川的心本能地紧了一下，怕又好像期待着她会说出什么。

她看着他，微笑着，却慢慢换了非常郑重的表情：“杨川，作为你的兄弟，我要对你说，从今以后，玫玫就交给你了。”

他低头看着她，说：“是。”

“要好好对她，不许欺负她。”

“不敢。”

“从今以后，杨川就是林玫玫的了——”她笑着，声音却变了。

他不知该说什么，有东西哽住了喉头。

那一瞬的静默好像特别漫长。

突然喻华咯咯地笑起来："真是神经病，你说那些不知道的人，看到咱们这样，还以为我在说，你结婚了新娘不是我。"

"好了，你该进去了，一会儿新娘找你。"她侧着头，眼里莹莹的，习惯性地张开右掌，想想却又放下。

"等等。"她流着泪，却一直笑，忽然伸出双臂，"——兄弟，来抱抱。"

他轻轻地拥抱着她，她的短发浓过最深的夜色，那淡淡的、干净的香气，这么近，这么近。他低下头，看见自己的眼泪，掉在她肩上，好大的一颗，他从不知道，自己的眼泪竟有这么大颗。

这年年底，喻华升了经理，去了另外一个城市的分公司，他已经很久很久没有她的音信了。有次在街上听到一个人的手机铃声，任贤齐唱的几句歌——"有今生今生做兄弟，没来世来世再想你"，就在寒风里痴痴地站了半天。

他的兄弟，不是那些哥们儿，是一个女孩。

……… *End* ………

波光淋漓如梦幻泡影，
我们在世事变迁中看淡你我。
如果有停下的机会，
下一秒的回望，
我将看见谁？

迁徙之爱

数码回忆

But through all this time,
remember one thing,
I will love you
forever.

我们总是在走过很多路之后，
才知道哪一条路是正确的；
正如我们看过许多风景之后，
才知道最美的一直在身边。

article by
陈少琪

单座位

01 ………

一个说爱你的人

如果从来不曾为你而改变自己，

其实你从来都是一个人。

漫步

02 ………

有一件事情，

要隐藏是非常困难的，

就是两个人一起过得很快乐。

锁心

03

………

很想知道有多少人跟伴侣结过同心锁，

至今仍有效吗？

裸

04 ………

男生问：

跟我在一起最快乐的事，

是不是可以做回自己？

女生回答：

不是，

是可以做一个更任性的

自己。

深夜食堂

05

………

失恋的其中一种痛苦来自恐惧，

恐惧一个人生活，

恐惧对方跟别人过得更快乐，

恐惧失去一些早已变成习惯的关心，

恐惧自己不够优秀，

恐惧找不到比原来那个烂人更好的

一个伴侣。

候车

06

我不害怕年老，

只害怕没有美好回忆。

Viladrau

慢活

07 ………

谁又真的明白

孤独和寂寞的分别？

阴天

08 ………

不管最后结果如何，

某些漫长的等待还是快乐的。

乘客

09 ………

站在月台上，

你看到列车车厢里的某个身影，

仿佛就是你寻找半生的人。

但是当车门关上，

这个人也将永远消失。

要经过多少折腾，

你才能找到那个永远跟你一起上车下车而

不离开的人？

……… *End* ………

港企品牌進入中國內
第
1
站
政府主導
(852)
d the ga

你将对他的记忆封存在岁月里，
不再碰触，不再窥视，
接受新的生活，开始新的恋情。
当你认为已经忘记一切时，他却突然出现在你面前，
瞬间粉碎了一切你努力建筑的美好。
记忆像开了闸的洪水，
带着曾经的甜美、疼痛一并涌了出来，你措手不及。
这时，你才明白，其实他一直都在你心里，
从未远离。

决绝之爱

露露蛋糕店的最后一夜

She could have been happy.
But why did he break into her life again
then leave nothing but a cruel farewell?
He will occupy her sanctuary of memory forever
and become immortal in the rest of her life.

她本来可以幸福，
可他为什么要再一次闯进她的生命，
却又留下残忍的道别？
他将永远占据着她回忆的圣殿，
在她余生不朽。

article by
张小娴

一天之中，这是李露最喜欢的一段时间。日已西沉，夜色如水，月光缓缓照进了蛋糕店，空气里弥漫着面糊、奶油、鸡蛋与巧克力的甜香。她喝着一瓶比她老的老波特酒，一九七零年的。那一年，她还没出生，母亲还没有遇到那个答应给她幸福，使她怀孕之后又离她而去，余生旅居巴黎的男人。

这个男人对独生女儿终归是有点愧疚的，打从她十一岁那年开始，父亲每年寄给她买机票到巴黎的钱，于是，她每年有一个巴黎假期，去看看美丽的花都，去看看她父亲。然后，一年又一年，她眼看着时间在这个好看的男人身上飘落，看着时光残忍地剥去一个人的青春的衣裳，看着他逐渐老去。每次和父亲相聚的短短几个星期，她就像个客客气气的客人。父女俩都是巴黎的异乡客；可是，父亲对她来说仿佛也永远像个异乡客。

父亲是做文案翻译的，手头并不宽裕，可他总是尽其所能地过得体面，吃的穿的都很讲究，那是他心中的巴黎式浪漫。在他住的巴黎左岸那间破旧的小公寓附近，有一家糕饼店，四十多年的老店，卖很好吃的蒙布朗、千层派、水果塔、蓝莓饼、巧克力慕斯和无花果蛋糕等传统的法式糕饼，门外常常排起了队。每次当她要走了，父亲会提早下楼去排队，挑几块她爱吃的糕饼，装在一个漂亮的纸盒里，系上蝴蝶结，然后塞到她手里，给她带着上飞机，告诉她说，飞机上的东西可没这个好吃。这就是父亲和她道别的方式。

当她孤零零地踏上漫长的归途，在经济舱的她那狭小的“宝座”上，她活像个落难公主似的，小心翼翼地打开盒子，享用她那甜滋滋却也寒碜的父爱。那时候，她曾愿望将来有一天也开一家跟巴黎这家一样的糕饼店，卖给人们充满回忆的糕饼，不管那回忆是幸福还是苦涩的。后来的日子里，这个梦想就像她有过的那些零星的梦想，渐渐被她遗忘了，只把它当做小时的傻透顶的念头与哀愁的出口。她没想到，绕了一圈，她重又回到最初也最纯真的梦想。

两年前，只看了一眼，她就决定租下人行道边的这个小小的店面。位处中区的这条干净宁静的小街是由一排矮矮的老房子、精品店、画廊、酒铺、露天咖啡馆、亮着蓝色招牌的餐厅与几棵老树构成的，空气里飘着一股破落味儿，时髦却也苍凉，使她想起许多年前第一次到巴黎的那个遥远的清晨，她跟着高瘦个儿的父亲回家时走过的那些秋天的街道，充满了不真实的味道，却也唤回了童年的记忆。

店子前身是一家老式杂货店，她把它彻底改头换面，换上时尚的黑色麻石地板与白色墙壁。后面的一个房间改成开阔的厨房，所有蛋糕都是在这里做出来的，然后放到店面那一排亮晶晶的陈列柜里。陈列柜旁边的一面墙壁上挂着凡·高的《鸢尾花》、《向日葵》和《杏花》的复制品。她最喜欢的那幅《鸢尾花》是凡·高疯了之后的作品。她爱这张画胜过凡·高所有的《向日葵》。刚开店那阵子，她用蓝莓、芋头和绿茶慕斯做出一个蓝绿色的鸢尾花蛋糕，跟凡·高画里的一样。鸢尾花蛋糕很快就成为店里卖得最好的一款蛋糕。后来她又做了杏花蛋糕、樱花蛋糕和向日葵蛋糕，还有玫瑰蛋糕。她的玫瑰蛋糕是用大马士革玫瑰露与覆盆子调成的玫瑰覆盆子果酱做馅的，完成后在蛋糕表面豪气地铺满一片片堆成小山似的糖渍红玫瑰花瓣。

蛋糕店的名字用了她的乳名露露。店里的屋顶很高，那盏吊灯是她从家里搬来的，利用七根铝线把七团白色的毛绒线悬浮在半空，互相缠绕绽放，看上去就像一朵巨大的蒲公英，漏出浅浅的鹅黄色的光。风吹过的时候，灯也随风飘曳，她可以定定地望着灯而忘记时间流逝。这盏灯是她在巴黎一家小店捡到的宝，这些年来，她把它带进去她与男人同住的家，分手的时候又带着它离开。

墙上的挂钟指着八点三十二分，距离打烊不到半小时。她束起头发，身上穿着麦子色的羊毛混丝连身短裙，裹了件紫红色的开胸毛衣，在厨房那张长长的不锈钢工作台一边喝着老波特酒一边在纸上画着蛋糕的草图。听到推门的声音，她心里想着这个时候进来的多半是临时想买个生日蛋糕为朋友庆生的，可惜，今天所有蛋糕都卖光了。她脸上带着抱歉的微笑起身从厨房走出来。看到他时，她的微笑瞬间僵住了。她压根儿没想到进来的会是他，他好像也没想过会在这里见到她。这么多年以后，两个人既惊讶又尴尬地彼此对望着。

看见头顶那盏飘浮在半空中的蒲公英吊灯，他似乎明白了，首先开口说："这家店是你的？"

"嗯。"她不知所措地朝他点头。

他把脱下来的毛帽子塞进身上夹克的口袋里，在店里看了一圈，对她说："这里很漂亮。”

“谢谢你。”她僵僵地说着。

“你没教画画了？”他问她说。

“早就没教了。”她摇摇头。

她看向他，他一头剪得极短的黑发，身上裹了件黑色高领毛衣和羊毛夹克，双手插在墨绿色棉布裤的两个口袋里，脚上穿着灰色的运动鞋。那双好看的眼睛已然老了些，人成熟了，也瘦了。她不知道，在他眼里她是不是也老了些。即便是这样，他大概也不会告诉她。

“你比以前瘦了。”他有点紧张地微笑着说。

“你也瘦了。”她说。

他咧咧嘴说：“我以前一直有点婴儿胖。”

她绷紧的嘴角一弯，笑了。

看见她这么一笑，他也笑开了。

“你是要买蛋糕么？”她问道。

他瞄了一眼空空的蛋糕柜，眉头皱了皱：“蛋糕都卖完了吗？”

“今天生意特别好。”她说。

“看来我来晚了。”他抿着嘴苦笑。

看到他脸上失望的神情，她说：“我刚刚做好了一盘黑巧克力核桃布朗尼，放凉了就可以吃。要是你不介意等一会……”

“可以呀！我没有地方去，我也饿坏了。”他说。停了一下，他又说：“我没妨碍你下班吧？”

她摇头。两个人面对面直挺挺地站着，她问他说：“你要进来厨房等吗？”

“好的呀！”他微笑着说。

她领他到厨房去。一大盘黑巧克力核桃布朗尼蛋糕放在工作台的一端，本来是准备接下来这几天卖的。

“咦，看起来很好吃的样子。”他说着坐到工作台旁边的一把高脚椅上。

看到她喝了一半的那杯老波特酒，他问道：“你一个人在喝酒？”

“一九七零年的老波特，你要喝吗？”

他兴致勃勃地点头：“听说一九七零年是个美好的年代。”

“你是说那个年代还是那个年代的波特？”她转身去拿酒杯，给他倒了一杯深红色的老波特。

“逝去的年代大抵都有各种的美好吧？”他脱下羊毛夹克放到椅背上，接过她手里的酒，缓缓呷了一口，抿抿嘴唇，“嗳，这酒真醇，很甜。”

“以前不怎么懂得欣赏老波特，是过了三十五岁之后才懂得它的好。”她抓起一把小风扇，两只手肘支着工作台的边边，用风扇把盘子里的布朗尼吹凉。她眼睛没看他，拼命在心里跟自己说，“镇静些，再镇静些就好。”

两个人好一会都没说话，然后他问：“这里就你一个人打理吗？”

她从那盘布朗尼里抬起眼睛，对他说：“不，其他人都下班了。”

“这里开几年了？”

“前年的十一月开业，刚好两年了。”

“哦。”

她没再说话。过了一会，她搁下风扇，把两块布朗尼放在一个小盘子里递给他。

“可以吃了，晾凉了才好吃。你尝尝。”她说。

他用手拿起一块布朗尼放进嘴里，有滋有味地吃着。

她问他说：“味道还可以吧？我没放太多糖。”

“很好吃。”他微笑回答，“你做的蛋糕一向也好吃，你有天分。”

“以前是闹着玩，现在是谋生呢。”她边说边在他对面坐下来，拿起杯子啜了一口酒。分手以后，她曾以为，许多年后的一天，他和她也许会在街上偶然碰见。十年的日子一晃而过，她没想过他们的重逢会是他在厨房里吃着她做的甜点，喝着一瓶四十一年前酿造的酒。她想起那年他生日，她做了一个香香的榴莲蛋糕为他庆生。那是她头一次做榴莲蛋糕。蛋糕做好了，她一直等他回家，想给他一个惊喜，可他却在外面跟他那一帮朋友喝酒喝到午夜。等他终于带着醉意回到家里，他一进门，她气呼呼地拿起蛋糕往他脸上丢，他一时没反应过来，被迎面飞来的蛋糕砸到，眼睛和头发全是奶油。

“干吗呢你？”他如梦初醒般，可怜巴巴地问了句。

“生日快乐！你应该庆幸这个不是榴莲！”她恼火地对他吼。吼的时候，她眼泪都涌了上来。

同一句话，她对他说过两次。头一次是他们邂逅的那个夜晚，他背着她回去宿舍。回去宿舍的路要经过成排的树林，在树下走过的时候，突然有个东西从树上掉下来砸到他的头。

“天！什么来的？”他用手摸摸头。话还没说完，咚的一声又掉下来一个砸到他。

“噢！天！”他痛得缩了缩脖子。

“是果实吗？好像是木棉花的果实呐。你没事吧？刚刚那咚的一声很响亮哩！”她在他背上抬头看，看不到是哪棵树上的果实，“你应该庆幸这个不是榴莲。”说完，她有点幸灾乐祸地笑弯了腰，差点儿就从他背上掉下来。

“小姐，你别摔下来才好。”他一副无奈的口吻，“要不是背着你，以我的身手，是不可能被砸到的呐。”

“你这话也说得太没良心了。要不是你，我才不会扭到脚。你没脑震荡吧？”

“脑震荡是没有。但是，被你这么一笑，我受到很大的心灵创伤。”

听到他这么说，她终于忍不住咯咯大笑：“你头顶没起包吧？”

“不知道耶。应该没有吧？其实我挺喜欢吃榴莲。”他说着，轻哼着鼻子。

“真的？知音耶！我也喜欢！我小时在马来西亚的槟城住过几年，我妈妈在那边工作。你知道吗？最好吃的榴莲都在槟城。”

“我小时也在别的地方住过。”他边说边弯身穿过一株矮树。她伸出手摘下一片很大的树叶。

“是吗？你在哪儿住过？”她用摘下来的那片树叶为他们两个人扇凉。

“梦幻岛。”他回答。

“梦幻岛？在哪呢？没听过耶。”她嘟囔。

“也叫永无岛。”

“也叫永无岛？”她想了想，才发现上了他的当。她刚刚差点儿相信了他。

“呃，那不就是小飞侠彼得潘的永无岛？”她啐他一句。

“没想到你会相信！”他快活地大笑。

她笑着撅撅嘴：“胡杨，你是个捣蛋鬼！”

“李露，你是吃什么长大的？怎么会这么重的啊？”他咕哝着说。

“才不是我，是你的背包很沉。”她抗议。

“喔，是的，我都忘了我的背包在你那儿。”他哧哧地笑，“你在槟城住很多年了？”

“没有呐。八岁那年，我妈妈把我送回来，丢给我外公外婆。我是外公外婆带大的。我敢说，我妈妈把我送上飞机那天肯定大大松了一口气。我总爱跟她对着干，她说我是个没良心的，我爸爸都不要我，我却成天问她我爸爸的事，她都受不了我了。我跟你说这些，你会觉得沉闷吗？”

“不会沉闷哦。”他说。

“你不用恭维我哦。也许明天我们不会再见。谁知道呢？”她故作潇洒地说，好像只要这样说了，即使明天见不到他，她也不会失望。

“李露，你这人很没安全感。”他直直腰背，把她背稳些。

“谁不是呢？”她说着抬起了头，看到夏夜深蓝的天空与天边横着的一串闪亮的星子，“嗳，你看到吗？很久没见过这么闪亮的星子了。”

“那是天蝎座。”他抬头望着天空，告诉她说。

“哦，原来这就是天蝎座啊。”她向往地看着那片星空，“假如是像只大勺子，在西北方向的天边横着的呢？我记得我小时候在海滩上见过。”

“那可能是北斗七星。”

“哦，原来我那时看到的是北斗七星。”她喃喃说着，突然觉得很困，“天哪，我好累，我一定是疯了才会参加这个比赛，我的脚明天就会变成猪脚了。”

“那你睡会吧，我走慢点。”他温柔地说。

“好。”她心里忽地一动，脸抵住他的肩膀，双手把他抓紧些。这温存的感觉不曾有过，也是在那一刻，她爱上他了。

这一刻，她望着坐在她面前吃着布朗尼的他，心中五味杂陈。流光似水，往事如幻，多少年过去了，时间把喜剧变成悲剧，然后又把悲剧变成喜剧。她想着想着，微微咧嘴而笑，觉着一种说不出的荒谬。这时她发现他脸上带着些许困惑，不解地看向她。她连忙收起微笑。

看到他正要吃掉盘子里剩下的那块布朗尼，她说：“嗳，慢着，先别吃。”

说完，她起身去把橱柜里那瓶重甸甸的草药酒拿出来，拔掉瓶塞，倒了几滴在布朗尼上面，然后递给他一只叉子：“你试试看，淋上这个酒会更好吃，我从西班牙带回来的。”

他拿起那个黑色不透光的表面凹凹凸凸的酒瓶看了看，好奇地问：“这是什么酒？瓶子很漂亮。”

“他们管这个叫帕洛酒，用金鸡纳霜浸泡的草药酒。”

“金鸡纳霜？”

她点点头：“嗯，就是用来治疗疟疾的金鸡纳霜。”

“疟疾？”他讶异地皱了皱眼睛。

“噢，放心。”她扬了扬手，“酒里还有好几种草药，也加了糖浆，配甜点很棒，没疟疾也能吃。”

“吃了不会有疟疾才好。”他淘气地望着她说。

她笑了出来：“你知道吗？你应该去写笑话，而不是悲剧，你的小说都很悲伤。”

“人生就是个大笑话，笑到会哭。”他微笑，咬了一口布朗尼。

“只要时间够长，哭完也会笑吧？”她看了看他，“味道怎么样？不错吧？”

“嗳，淋上金鸡纳霜酒果然更好吃，苦苦的、甜甜的，带点甘草味，另一种境界。”他竖起大拇指说。

看见他的酒杯空了，她给他倒了一杯波特，也给自己倒一杯。喝了一口酒，她抿嘴笑笑，问他：“我用蛋糕砸过你。你记得吗？”

他瞥了她一眼，苦笑：“噢，怎么忘得了呢？那是我这辈子吃过的最难忘的蛋糕。是榴莲蛋糕，对吧？”

“哦，是的，那个是榴莲蛋糕。”她笑开了，“你要喝点水吗？”

“好的，谢谢你。”他点头，瞄了瞄工作台上她画的几张草图，“这些都是蛋糕的草图吗？”

她走到水槽边倒了两杯白开水：“嗯。今年是第一年做圣诞木柴蛋糕，我想把草图先画出来。”她把几张草图摊开来给他看，“还会做新年吃的国王饼，但味道会改良一下。圣诞特别版的玫瑰蛋糕也想做。”

“这么早就要开始准备吗？”他喝了口水，一张一张草图仔细地看。

“不早了，剩下不到一个月就是圣诞节，我觉得已经迟了，过几天要把圣诞树摆出来，然后布置一下店面，可忙了。今年我订了棵杉树，我喜欢杉树的味儿。”

“哦，时间过得真快。”他微笑，若有所思地看向她。

那熟悉的神情重又撩起了她心头的记忆。她想起那个遥远的夏末的夜晚，文学院主办的马拉松舞蹈赛在大学北座的会堂里举行，由学生组成的几支乐队轮流表演，那天是舞蹈赛，也是派对，舞池周围挤满了欢乐的年轻人。她留着斜分的齐耳短发，身上穿着飘逸的柠檬黄色皱褶连身裙，腰间系了条幼皮带，裹了件粉蓝色的毛线外套，已经连续跳了十五个钟头。舞池里连她在内只剩下不到二十个人依然坚持着。她嘴唇干涩，脚上的鞋子胀胀的，有气无力地不停摆动身体，累得都快趴下了。

这时候，他跟她班上一个男生结伴来派对。美术系就只有几个男生，可她而今已经记不起那个男生的名字。

“李露，胡杨。”那个男生介绍他们两个认识。

“嘿！”她疲惫地点头。

“嘿！”他手里拿着一杯鸡尾酒，生气盎然地微笑。

男生走开了，他仍旧留在舞池边跟她说着话。

“胡杨是哪个杨？”她问。

“你说什么？”音乐很吵，他没听清楚。

“胡杨是哪个杨？”她沙哑的声音重复一遍。

“哦，杨柳的杨。”他凑到她耳边，大声说。

“胡杨，生而一千年不死，死而一千年不倒，倒而一千年不朽的胡杨树？”

“我但愿。”他俏皮地回答。然后又说，“是我爸爸太懒惰了，把我妈妈的姓氏加上去就成了我的名字。”

后来，他常常提起那天晚上的事。他告诉她，他在派对上一眼便瞧见她。她身上有股独特的气质，穿的衣服好像东凑西拼的，却又出奇地好看。每次当他这么说，她总会啐他：“什么东凑西拼的？我那个是巴黎流行的耶。”虽然只是每年一次的法国假期，她愿意把那个国家说成是她第二个家。这么多年来，她常常回想起他们相识的那个晚上，当时她二十二岁，他比她大两个月。他是个生气勃勃的小伙子，朋友很多，每个人都喜欢他，而她则自命不凡，朋友很少，经常在学校里独来独往。他有一双好看的深邃的眼睛，跟她长长弯弯的眼睛不一样。她那天涂着满满的睫毛膏，跳舞跳太久了，睫毛膏早已经糊掉，变成一双迷离的烟眼。他个儿高大，一头没梳齐的短发，脸上挂着轻松的自信的笑容。她厚厚的黑发里别着一只亮晶晶的发夹，好几次差点儿掉了下来，终于掉下来时是他帮她捡起来的。曾经是多么灿烂的青春？不需要怎么努力就已经赏心悦目。

“你很喜欢跳舞？”那天他问她。

“才不！”她眼睛翻了翻，“你看到台上那顶皇冠吗？”

他朝舞台看去，看到放在舞台中央的那顶镶嵌了白水晶的蔓形皇冠。

“好漂亮是吧？那是奖品。我是为了这个才参加的，我还从来没戴过皇冠呐。”

她哑着嗓子说。

“要我帮你去拿杯水吗？”他问她。

她望着他手里的鸡尾酒，吞了吞口水：“我现在不能喝水，喝了水我会想上厕所。每个参赛者每小时只能去一次，我刚去了。”

“噢，那我在你面前喝酒会不会有点残忍？”他笑着问。

“有一点。”她回答。

“你有没有看到那边的那个女生？”她说着用眼角的余光瞄了瞄舞池的另一端，“嘘！你别直接看。”

他斜眼朝她看的方向看去，看到一个左手戴着一串手镯的黑黑瘦瘦的女生在那儿起劲地摇头摆脑，毫无疲态，好像还能跳几个昼夜似的，旁边的一群女生为她打气。

“看到吗？她会赢的，她很厉害。”她说。

他目光转回来：“看到了。果然是很强横。像她这种女生，我看即便是地球毁灭、人类全体灭亡，也只有她和蟑螂能够活下来。”

她憋住笑：“你别逗我笑。我不能笑，肚子会痛。”

“呃，要不要我过去推她一把？”他接着说，一副很想捣蛋的样子。

她觉得这话太可爱了，禁不住大笑出声来，却因此不小心绊了一下，差点儿整个人朝后摔倒在地上。她及时抓住他一只手稳住身体才没跌倒。

“天哪！你怎么了？你没事吧？”他吓坏了，赶紧扶住她。

“我好像扭到脚踝。”她脸露痛苦的表情，放开他的手试着再跳，可是无论如何都已经跳不动了，只要一跳就痛。她被淘汰了，在她跳了十五个小时之后。“呜，我的皇冠没有了。”她一拐一拐地走出舞池。

他扶住她，拼命向她赔不是：“是我不好，我不该逗你笑。”

看到他内疚的样子，她都不好意思怪他：“我本来就累垮了，跳不动了，真的不关你的事。哎，渴死我了。我要喝一公升的水，或者酒也好。”她说着拐着脚走到舞池旁边那张长方形餐桌前面。那儿放满了食物和饮料，她拿起一瓶矿泉水，拔掉瓶盖，咕嘟咕嘟地把整瓶水灌进肚子里去，好像她已经有一世纪没喝过水了。喝水的时候，她叉开双脚，定定地望着桌子上剩下的半个松松软软的上面有两颗糖渍樱桃的黑森林蛋糕。

他好奇地瞥了瞥她：“你干吗这样看着这个蛋糕？”

“我今晚已经盯着这个蛋糕很久了。饿死我了。”她舔舔嘴唇说。

“那就整个拿走吧。”他说着拿起蛋糕。

“呃，那太不好意思了吧？你觉得呢？”她斜眼看他。

“我觉得这个蛋糕是你应得的。”他狡黠地笑笑。

“既然这样，什么都拿一点吧。我觉得我现在可以吃掉一头牛。”她用指尖捡起蛋糕上的两颗糖渍樱桃放进嘴里，边吃边说。

他顺手拿了几块三明治和一些曲奇，还有香槟，她拿了杯子和盘子，两个人很有默契地一起挤出人群。

离开了派对，他们在北座会堂外面长长的台阶上坐下来。会堂里的音乐声此起彼落，不时有人从他们身边经过。他开了那瓶香槟，倒满两个纸杯。

“我已经有十几个小时没吃过东西呐。”她嘴里塞满黑森林，“哦，这个蛋糕太好吃了！黑森林要做得不好吃也挺难的吧？这么容易做的一种蛋糕。”

“你慢点儿吃。”他提醒她。

她两条腿交错坐着：“你是哪个系的？没见过你呢。”

“我物理。”他回答。

“物理？天！物理！”她咬着叉子，眼睛往上翻了翻。

“物理怎么了？”他怔了怔。

“我讨厌物理！那简直要了我的命！根本就完全不明白老师在说什么，真的是什么混蛋会修物理啊？”

“就是像我这种混蛋。”他自嘲地说。

她尴尬地笑了笑：“你会变成霍金吗？哦，我的意思是，像他那样棒的物理学家，不是说像他那样坐在轮椅上。”

“我懂你的意思，不可能吧我？”

“都说霍金可能是外星人哩。”

“我也这么觉得，地球人不可能聪明到这个程度。”

“我倒是买过他的《时间简史》。”她喝着香槟，耸起一边肩膀说，“虽然我只看了几页就睡着了。”接着，她又问他：“毕业之后，你有什么打算？会考研吗？”

“我在写一些东西。”他吃着蛋糕说。

“呃？你写什么？”她好奇地问。

“小说。”他回答。

她眼睛亮了亮：“科幻小说？”

“噢，不。不是科幻。你想看吗？”他瞄了瞄她，羞涩地问。

“我可以看吗？”她微笑。

他从背包里拿出笔记本，翻到夹着小纸条的一页递给她：“我只写了一半，还没写完。”

“你一直带在身上？”她接过那本厚厚的笔记本，上面写满密密麻麻的字。他的字很好看，她喜欢那样男子气的字。

“想到什么随时都可以写下来，全部写好了再打字。我喜欢这样。”他说。

她就着月光与台阶上那盏街灯的黄澄澄的光亮，一边喝酒一边读他的稿子。时间一点一点过去，香槟已经变暖。等她读完了，他紧张地问：“你觉得怎样？”

她看向他，眼睛里漾着泪水：“我喜欢这个故事，喜欢你写的方式，喜欢你的幽默感。你写得真好，尤其是小男孩和父亲最后的那段对话，虽然好悲伤，但是好感动，让人想到很多。”

“你真的喜欢？”他嘴边浮起一抹微笑，那微笑一直挂在他脸上，带着些许得意。

“你将来肯定会成名的。”她把笔记本合上放在膝盖上，“等你成名了，我可以跟别人说，我当年读过你的手稿。”

他脸上露出腼腆的快乐的笑：“等我成名了，我也可以跟别人说，你读过我的手稿。”

她微微一笑，把笔记本还给他：“你什么时候写完？到时我可以先看吗？好想知道结局呢。”

“当然可以。呃，这个给你。”他说着递给她一顶小小的皇冠，是他用香槟瓶盖和瓶盖上的铁丝做的。她埋头看稿子的时候，他在偷偷做这个。

“害你输了比赛，现在不欠你呐！”他神气地说。

她把那顶小皇冠放在手里掂了掂，又看了看：“你手真巧哦，不光会写小说，还会做这个。”

他扬了扬两道眉毛：“混迹江湖，这点小本事还是有的。”

“这可是我见过最小的皇冠耶。”她嘴里这么说，心里却美滋滋的。说完，她用头上那只亮晶晶的发夹把皇冠别在头发里，然后用手指梳梳头，看向他：“行吗？哈哈。”

“好看。”他眼睛看着她，微笑回答。

她的脸倏地红了：“几点了？我得回去宿舍呐。”她说着穿回右脚的鞋子，微肿的左脚使劲塞进另一只鞋子里。然后，她缓缓站起身，把东西收拾好，拐着脚走下台阶。

“你这样行吗？”他问。

“总不能睡在这里哦。”

他陪着她走：“从这里走路回宿舍平日也至少要二十分钟。”

“我慢慢走好了。”她蹒跚地走着。

“你这样走，明天都还在路上哦。”他皱眉。

她撅撅嘴：“你先走吧，不用陪我。”

他把背包交给她：“你帮我拿着，我背你回去。”

“不，路很远。”她摇头。

“来吧。”他说着半蹲下去，“下次要是我扭到脚，换你背我回去。”

看到他那副诚恳的模样，她笑开了：“行！就这样决定。我不客气了。”她背起他的背包，趴在他背上，两只手搂住他的脖子，“要是你扭到脚，下次换我背你哦。”

“我可不想扭到脚哩。”他笑着，轻哼着歌儿，背着她走下台阶，越过一条车路，从北往东穿过成排的树林。夏末漫长的夜晚，一串星子横在天空。他告诉她说，那是天蝎座。

“原来这就是天蝎座啊？”她喃喃说着。

这么说的时候，她抬眼望着遥远的星空，想着明天的明天和以后的以后是不是可以跟他一起把天上的每个星座都看遍。可是，她嘴里却偏偏说：“也许我们明天不会再见，谁知道呢？”她只是在套他的话，想知道他会怎么说，想知道他是不是也喜欢她。“李露，你这人太没安全感了。”听到他这么说，她甜甜地向往地笑了。

热恋一个月之后，她搬离了宿舍，带着她所有的东西，住进他那间阁楼的小公寓，两个人在那儿度过了最甜蜜和最苦涩的日子，也在那儿终结了他俩的爱情。毕业后，她在学校里教小孩子画画，他写作。他的事业一帆风顺，出道没多久就成名。从那时起，他的朋友更多了。一开始她很热衷招待他的朋友，甚至刻意讨好他们，想要得到他们的认同。可后来她累了，她压根儿就讨厌热闹，她受不了他那帮自以为是的朋友。当她稍微不同意他们其中某个人的观点时，她毫不掩饰，当着那人的面就说出来。她觉得这样没有什么不对，这种坦率却常常使他觉得难堪。

她爱他的方式就像藤蔓缠着一棵树似的，他却是那个害怕束缚的向往永无岛的彼得潘。三年的爱情蜜月期过去了，随后的两年，成了艰难的延续。她总以为一切都会好起来，两个人却一次比一次吵得更厉害。太多的期望换来必然的失望，她指责他不够爱她，说他变了；他埋怨她固执又难以取悦，喜欢闹脾气。这些指责不可收拾，把他俩的爱情几乎消磨殆尽。后来，他索性不跟她吵了，那却是对她最大的伤害。她受得了他们之间的吵架和冷战，甚至是彼此伤害，因为那样的伤害总是以激烈的性爱来言归于好。可是，她受不了他的沉默与冷漠。这个感觉是那样痛苦，使她心中充满了挫败。

那个凄苦的星期二，他躲在书房里埋头赶稿。她站在门边，静静地、悲伤地看着他。好一会儿之后，他才终于发现她。他抬起头，默然无语地看向她，两个人都知道这个时刻终于降临了。

她对他说：“我们分手吧。”

这句话是她首先说的，却是他让她说出口的。听到她这么说的时候，他疲惫地看着她，没有痛苦，没有挽留。她在他眼里看到的，只有解脱。就像她母亲当年把她送上飞机一样，他终于摆脱了她这个难缠的家伙。她又再一次明白，没有人会永远爱她。

她想起他们初识的那个晚上她穿的粉蓝色外套与柠檬黄的连身裙，多么粉嫩的青春粉嫩的爱情，却终究败给了时间，无所依归。

“那就这样决定吧。”她憋住眼泪对他说。这句话说出口的一刻，他们危如累卵的爱情也随之坍塌。

她离开了他那间阁楼小公寓，带上她所有的积蓄飞去巴黎。她本来打算只住三个月，找一间学校学习拉丁语或者捷克语，甚至波斯尼亚语也好啊，愈难懂的愈好，那就什么都用不着去想。那年的二月太冷了，结果，她到巴黎没几天就害了肺炎，死死地在医院躺了大半个月。从医院回家之后，她的身体一直很虚弱。她一度以为她会死。那时候，要是她告诉胡杨，他肯定会马上飞到她身边，可她忍住没找他。即使他来了又怎样？除非他先找她吧，可他没有。她曾经那样渴望听到他的声音，听他说他始终爱她。但是，她那脆弱的自尊与年轻的倔强执拗不容许她卑微到那个她都瞧不起自己的境地。

直到巴黎五月阳光烂漫的一天，街上的日头隔着褪了色的窗帘晒到她床上，她的身体似乎好些了，她很想出去走走。她起床，裹了件驼色滚毛边的松松的开襟长羊毛衫，梳好头发，戴上红色小圆帽，走到书房的门边，告诉父亲她想出去看看。父亲从那堆他正埋首翻译的书稿里抬起头，忧伤的眼睛看向她，提醒她别冷到。她披上围巾下楼去，走过大大小小的街道、教堂和公墓。从那些被主人牵着散步的一脸幸福的狗儿脚边绕过时，她想起胡杨曾经沮丧地问她："李露，你到底要怎样才会幸福？"这是她能回答的么？要是她知道答案，她才不会痛苦。她就是因为不知道才会感到痛苦的呀。她觉得每个人都在寻找人生的依归，可他觉得人生的依归是不需要寻找的，到时候自然会遇到。

她在微风里走着，越过鸽子翻飞的广场，拐过坐满了游客的热闹的露天咖啡馆，在路边停下来光顾花贩买了一束漂亮的五月玫瑰，又在面包店买了两个刚烤好的胖胖的酥脆软绵的牛角面包，然后朝塞纳-马恩省河的落日走去。她一边走一边吃着面包，对他苦苦的思念竟逐渐在空气里飘散，她突然觉得心里没那么苦了。往事都已经随风消逝。那一场肺炎，倒把她治好。

杯里的老波特喝完了，他缓缓坐起身，对她说："时间不早了，我该走了。"

"哦。"她看看墙上的挂钟，十一点了。她站起来送他。

"谢谢你的酒。"他穿回夹克，冲她微笑。那一抹微笑一直停在他脸上，然后，他又看了她一眼，有点结巴地开口："我忘了问你，你好吗？"

原来他真正想说的是后面那句话。她咧咧嘴，回答他："应该还可以吧。我正做着自己喜欢做的事。"

他微笑，站在那儿，不动，也无言语。

"对不起。"他终于说。说的时候，他脸都红了。

她微微怔住，没想到他会突然这么说。

"希望你可以原谅我。"他眼睛看向她，缓缓说出来。

她带着些许感动，抿抿嘴，淡淡地苦笑，对他说："都过去了。"

他默然无语。

片刻之后，他问她："你结婚了吗？"

"订婚了。"她回答，稍微迟疑了一下。

“看到你这样真好。”他脸露温存的微笑，眼里却掠过一抹悲凉的神情。那神情太复杂了，她无法揣测，猜不透他是为她高兴还是感伤，抑或两样都有。

她送他到门口。两个人面对着面站在门边，彼此之间只隔着几英寸的距离，她仿佛又闻到了他身上那股熟悉的气味，那味道在记忆里展翅盘旋，唤回了青春年少时心头的一缕爱意。

“圣诞节的时候我留一个玫瑰蛋糕给你好吗？小店的玫瑰蛋糕可是外面吃不到的呢。”她看向他，俏皮地说。

他点头，朝她暖暖地一笑，欲言又止。等他终于说出口了，却只说：“好的，你留给我。”

“再见。”她的声音轻轻的。

“再见。”他投给她一个意味深长的温柔的微笑，然后从身上夹克的口袋里拿出那顶毛帽子戴上，离开蛋糕店。

其他商店都已经打烊了，只有对街的餐厅和咖啡馆早亮的圣诞灯饰一闪一闪的。朦胧的月光到处飘着，他双手插在裤子的两个口袋里，朝夜晚的街道走去。她目送着他的背影渐渐走远，往事在心中漾了起来。她想起那个冬日的傍晚，他领了版税，回家的路上，他打电话叫她走到窗边，却不肯说是为什么。她穿着男生的鼓鼓的深蓝色棉袄，扒在窗口往楼下看，这时，她看到一辆漂亮的簇新的白色甲虫车在对街缓缓停下，他打开车门从驾驶座上走下来。

“嗳，这是谁的车子？”她大声问他。

"我们的。"他抬起头看她，灿烂地笑。

这天之前，他们一直商量着要买一部车子，那他就可以每天送她上班和接她下班，可她没想过他竟然真的拿着版税去买车。

"下来吧！我们去吃饭！"他朝她挥手。

"我要吃火锅。"她快活地说。说完，她飞快地把窗关上走下楼去。

从前那些甜蜜的片段多么像一首她曾经很爱的歌，多年以后的某个瞬间，丝丝缕缕，重返心头，敲响了前尘旧事的模糊记忆。分手的时候，她倔强地对他说："我们以后也不要再见了，最好不要成为朋友。"她是那样爱过他，也恨过他。曾经那样向往相忘于江湖，只因无法相濡以沫。后来的一天，他们都忘了彼此的坏，只留下彼此的好。她的青春，他曾经在场。只要曾经在场就好了。那时候他们都太年轻，不懂相处，不肯让步，年少气盛又自我中心。两个人之间的那些问题，现在看来是没什么的，可那时候却要了他们的命。今天晚上，当他的背影渐渐从她眼里消失，再也看不到了，她猝然明白，他在门边那个温存的微笑是对往事的微笑。

隔天清早上班的时候，她怀着好心情走到对街咖啡馆买一杯咖啡。那个她认识的年轻的女侍问她："昨晚到你店里买蛋糕的是不是那个作家胡杨？"

"你认识他？"她一怔。

"他之前在这里哦。"女孩说，"他一个人来，坐了很久，差不多有两个小时吧？喝了几杯酒，点了一盘色拉，却连碰都没碰过。我以为他在等人，后来，他问我你的店几点打烊。我有看过他的书哦，但我不确定是不是他。原来真的是他！”

听到女孩的话，她怔忡许久。为什么会这样？为什么胡杨要对她撒谎？他早知道蛋糕店是她的，却装着不知道。他为什么在十年后突然去探访旧情人？难道只是为了请求她的原谅吗？他使她迷惑。他到底想干什么啊？等他来拿蛋糕的时候，她要问他。

可是，圣诞节到了，他并没有出现。她留给他的那个圣诞玫瑰蛋糕已经不能吃了。“他就是这样的一个人哪！”她跟自己说。她根本不应该对他有太多的期望，以为他会再回来。这想法真傻，兴许他那天晚上只是一时寂寞，想看看他的旧情人在做什么而已。

一月底的一天，她接到从前的大学室友芳芳打来的电话。

“李露，我要告诉你一件事情。你知道胡杨死了吗？”

“你胡说什么？”她微笑，不肯相信，却听到自己的声音在发颤。

“是真的。我起初也不相信。昨天晚上几个旧同学吃团年饭，大家都在说这件事。胡杨患的是胰脏癌，去年四月发现的时候已经是晚期，治不了的。他是圣诞节前几天住进医院的，过完新年没几天就走了。听说他一直都是单身，你们分开这么久，好多年没见了吧？所以，我觉得我得告诉你，你果然是不知道。唉，还真想不到，他这么年轻，这么有才华，又这么成功。太可惜了。”

她握着话筒的手在发抖，整个人仿佛空掉了。

“喂？喂？李露，你在听吗？”

她的心要碎了。

那一年，她过二十三岁生日，在阁楼小公寓的厨房里，她做了个黑森林蛋糕，是她头一次做蛋糕。蛋糕做好了，他点上跟她岁数一样数目的蜡烛。她闭上眼睛，十指紧扣许了个愿。

等她张开眼睛的时候，他问她：“你许了什么愿？”

“你真想知道吗？”她神秘地笑笑。

他调皮地瞟了瞟她：“要是关于我的，我也想知道。”

她捉弄他说：“要是跟你没关的呢？”

他嬉皮笑脸地说：“那我也想知道。”

她瞥了他一两眼：“哎，好吧！看你那么想知道就告诉你吧！我希望来生做一只鲸鱼，自个儿顶着一个喷泉，去到哪里都带着，想要什么时候许愿都可以。”

“这是我听过最可爱的愿望。”他撅起嘴嬉闹地亲了亲她。

“可爱的人许的愿望也可爱。”她得意洋洋地朝他努努下巴。

他那部《山巅水湄》写的就是他俩的故事，他把这一段也写进小说里去了。在小说里，他说，要是她来生做一只鲸鱼，自个儿顶着一个喷泉到处去，那他要做一只鸽子。她问他为什么是鸽子？他说因为鸽子都爱在喷泉边纳凉。她调侃他说，这真是她听过最可爱的愿望，他耸耸肩说，没办法，可爱的人许的愿望也格外可爱。

她那天许的其实是另一个愿望，她希望和他永远在一起，一直幸福下去。她没说出来，是害怕愿望一旦说了出来就不会实现。可是，这个愿望终究没能实现。她曾用尽青春年少的精力去爱他，却在现实里功败垂成。暌别十年，他来了，竟是为了跟她道再会，在这小厨房里留下永恒的哀思。这算什么？为什么要来见她？想补偿些什么？想留下些什么？又想带走些什么？见到了又为什么不说自己生病了？难道他以为她已经再也不会为他伤心了吗？

二月初那个苦寒的冬夜，所有人都下班了，她一个人在厨房里做蛋糕。她在灶台上生起了火，煮好一锅玫瑰覆盆子果酱，放到一边晾凉。那盏蒲公英吊灯是他们一起从巴黎扛回来的。那一年，他陪她去巴黎，两个人住在左岸的一间小旅馆。一天午后，回旅馆的路上，她在一家小店的橱窗看到那盏灯。太漂亮了！她执意要买下来带走。他说这是吊灯呢，他们家的屋顶太矮了。巴黎十二月冰冻街头，两个人用手比划着，他说他们家的屋顶只有那么那么高，她说屋顶哪有那么那么矮，是有这么这么高，比她头顶高出很多很多。他说哪有哪有呐？况且比她高不能说是高，她反驳说她哪有他说的那么矮。他拗不过她，说她是个小疯子，说她到时候只能抱着那盏吊灯睡觉。两个人千辛万苦把灯从巴黎扛了回来，一进屋里，她不得不承认他是对的。他们住的小阁楼的屋顶真的是太矮了。

“挂上去的话，每天经过都会碰到头呢。”他皱着眉头望着屋顶。

看到她脸露失望的神情，他想了想，笑着说：“好吧！就挂一会吧！”

“嗯，挂一会就收起来。”她冲他微笑。

他爬上梯子，费了好大的劲，终于把天花板上的玻璃灯拆掉，然后把那盏蒲公英吊灯挂上去。灯亮的时候，两个人躺在客厅那张毛茸茸的地毯上凝望着灯。暖暖的温柔的光倾泻而下，她把腿架在他身上，彼此依偎着。风从敞开的窗子吹进来，那朵悬浮在半空中的巨大的蒲公英随风飘荡，灯影摇曳，绚烂犹如空中之花。

“真的只挂一会就收起来吗？”她喃喃问道。

“那就挂一个晚上吧。”他转脸看她，微笑。

她是曾经跟幸福那么接近。当浮华散尽，她忘得了灯下那张青春的脸庞和那双亮闪闪的眼睛吗？

她把放凉了的玫瑰覆盆子果酱填入戚风蛋糕里，抹上奶油，在蛋糕表面撒下一朵朵美丽的糖渍法国玫瑰。最后，她在玫瑰里摆好一对用白色糖霜做的圣诞铃铛，微笑，湿了眼睛。她本来可以全心全意去结婚，她本来可以幸福，可他为什么要再一次闯进她的生命，却又留下残忍的道别？他将永远占据着她回忆的圣殿，在她余生不朽，她再也不能像十年前那样把他从心头刮落。他为什么总使她痛苦？这样公平吗？她希望他还活着，她会用这个蛋糕狠狠地砸他，然后听他可怜巴巴地说：“干吗呢你？”

End

你体会过暗恋的滋味吗？
将自己喜欢的人偷偷藏在心底，
悄悄为TA做着一些细微的小事，
也许TA不会发现，一旦被觉察，会暗自窃喜许久。
会彻夜等待，看到TA出现，
感觉整个世界都变得光亮起来。
TA在你世界的每个角落，你藏在阴影下，
默默地爱恋TA，这种爱只关乎你自己，
与其他人无关。

潜藏之爱

单恋 / 青涩 / 伤害

那时候

Love is merely
a madness.
那时候的
爱情
为什么就能
那样简单

article by
寐语者

Chapter 01

多看了一眼他的背影

大一入学领新书的那天，人群里，他与我擦身而过。

他不过是抱着书迎面走来，灰套衫里翻出白衬衫衣领，清清瘦瘦，并不抢眼。

不知为什么，我停下脚步，回头多看了一眼他的背影。

第一堂素描课，要选人做模特，让全班同学画。

老师翻开名册，随意念了一个名字——杨晨希。

午后的画室，柔和充足的光线从长窗扑进来。

教室角落里有一个男生站起，光从他的侧面勾出好看的身影。

他走上讲台，在老师指定的位置坐下，对台下有些拘谨地笑笑，目光不知往哪里落的样子，飘过来，正与我的目光遇上。

是他。

我对他笑。

他回以微笑，这似乎让他的拘谨缓和下来，在台上自如了些。

还是那天遇见的模样，白衬衣领子翻出深灰套衫，牛仔裤泛旧，修长的腿，清晰的脸部轮廓，鼻梁格外挺拔。他按老师的要求调整姿态，静止不动，像定格在美好光影里的黑白老片子。

我愉快地抱着画板，坐在第一排，以素描的名义，放心大胆地盯着他看。

一道道目光聚焦在他身上，起初不自在的他只过了一小会儿就泰然了，脸部线条因平静放松，显得更加柔和，目光斜斜地投向教室窗外，投向远方，像穿过了漫长时间。

我似乎也觉得，已看了他很久。

他在看什么呢，窗外有什么让他的眼神这样温柔。

老师走过身边，停下来看我的画板。

周围同学落笔的沙沙声连成一片，只有我的纸上还一片空白。

我拿起笔，笔端迟疑，不用抬眼再看，他的样子已深印在我眼里。

落笔簌簌，一笔一带一抹一勾勒。

老师在旁边点头："嗯。"大概是赞赏的声音。

但我一点也不想画，只想看着他。

他坐在那里，安安静静的样子，比画好看，我画不出这样的他。

第一堂课下来，老师表扬了我的作业，展示了我画上的他。

不知谁在下面笑嚷："画得比真人还帅。"

我的脸颊倏地发烫。

低头之前瞥见他也在笑。

师姐师兄们说，谈恋爱才是大学的第一门必修课。

寝室里姑娘们开足搜索马力，将本班本系本院男生一大片检阅过去，按各自口味，锁定目标，或者被锁定。效率高的，开学第一个月已正式约会。

“南南，你太害羞了，不要总是躲在后面。”

她们对我说。

我躲在后面，是为了悄悄看他。

每次出去玩，他总是那群男生里面最安静的一个，不多说话，习惯性地走神，被人问到总要愣一下才回答，说两句，又不知走神到哪里去了。他是人群中的异类。

别人看起来，或许以为我也是同样的异类。

我满足于和他保持同类的位置，平行相视，然后会不会彼此发现，彼此靠近？

转眼开学第二个月，我们一共说了五次话。

遇见的时候，我只会微笑，等他先开口说“早啊”或是“去哪儿呢”，然后我回答，相互点头笑笑，没有别的话。他话不多，不爱说笑，偶尔有女孩子逗他，他会好脾气地笑笑。

看起来我们都乐于做人群里不起眼的那一个。

他对于我是独特的存在，在他眼中，我依然不起眼。

日记本里，代表他的只是一个字——杨。

我不爱写他的全名，只用一个字，就像是我的专属称谓。

大一的课程安排很轻松，刚从高三炼狱里熬出来的苦主们终于逮到自由的补偿，男生们逃课打游戏，女生们翘课去逛街。我也只想天天躺在寝室看小说，但事实是，我天天抱着书本准时准点上课、上自习，成了一个好学生……因为，他从来不缺课、不迟到、不早退，连谁都可以敷衍过去的基础公开课，也堂堂认真，从不见敷衍。

那么我也只好不逃课，只好每天早一点赶到教室，找个前排角落坐下——这样就能每天看着他走进教室，看他坐在邻近位置，低头写笔记、皱眉思考、走神发呆；偶尔他会坐在我附近，走过我座位时，会点头笑一笑。

这样，我就连下着瓢泼大雨，室友都赖床翘课的早晨，也能从温暖的被窝里爬起来，高高兴兴地去上课，像是去约会。

她们说：“南南这丫头，跟杨晨希一样怪。”

我听见这句话，心里膨胀出按不下去的窃喜，像得到某种承认。

然而他的与众不同，并不只我一个人发现。

每次听到他的名字被提起，就像私藏起一件宝贝以为无人知晓，却原来那是每个人都明白的好，这种心情真是沮丧。不爱听她们讲他的八卦，最怕哪一天毫无防备，就听到他与谁谁在一起了。

女孩子们总有可怕的洞察力。

我的心事想要藏起，比冬眠的狗熊藏食物还困难。

室友们以松鼠般的嗅觉发现了我小心翼翼藏起的那个“松果”。

在全寝室对我进行了严刑审讯之后，寝室长小曼一锤定音地说——你们这两个怪人早该凑一对了，这事，我来搞定！

Chapter 02

七个颜色的珍宝珠

小曼的男朋友熊昊，绰号“大熊”，是他寝室的室长，被小曼胁迫着做了“帮凶”。

这天下了体育课，一群人都拥向小卖部买水喝。

小曼拉住我说：“去那边买，这里的水卖得贵。”

我心想校内所有小卖部的矿泉水都是一个价……正想着，她十分演技化地挥手大声说："嘿，真巧，你俩也在！"

是他，被大熊拽着，正走过来。

大熊买了四瓶矿泉水，一脸憨厚地笑："这家的水便宜。"

小曼撞了我一下，我回过神来，这场"偶遇"戏的女主角该上场了——顿时心虚气短，缺乏临场表演经验，从脚底热起来，热气直往脸上冲。

"水是一样价，但这家东西多。"

他接过话，难得地先开了口。

我脸颊已经发烫："嗯，这家薯片口味最多，你喜欢吃什么薯片？"

"我不怎么吃零食。"他答。

唉，看过那么多言情小说，哪一本的女主角和男主角偶遇是问人家吃什么薯片的……我浪费了一个"偶遇"，用错开场白。

"你不吃可以请女生吃啊。"

小曼出声解围，嚷着要他请客，给我们买零食。

他老老实实地拿过袋子，遵小曼的吩咐，瓜子、薯片、开心果、QQ 糖……装了满满一袋。

"还要什么吗？"他转头问我。

我心一跳。

抬头触上他的眼睛，看不到别的存在，慌慌地随手指去，指到珍宝珠棒棒糖。

"哪种口味？"他笑了，一副这么大的人还吃棒棒糖的样子。

"口味？"

我傻傻地望着五颜六色的棒棒糖罐子，觉得哪一样都好，是他送的，都很好。

他等着我选，等了半天，说："不如每种颜色要一个？"

一大把的珍宝珠，缤纷满目。

七个颜色的魔术棒，捧在手里丰盛惊人，像捧住满满的幸福，低头闻上去，可乐味、巧克力味、草莓味、牛奶味、凤梨味……各种香甜混合在一起，糖纸美丽斑斓，晃一晃都要迷心迷眼。

满袋子零食拎回寝室，迅速瓜分一空，只有七个珍宝珠棒棒糖被我私藏在抽屉里。

一个也舍不得吃。

珍宝珠。

名字取得真对，这是我的珍宝。

暗恋并不痛苦。偷偷喜欢一个人，没有要求，不为回应，只为一次偶遇，一次相视，就能满足到心底里去，那是最简单的幸福。

可当暗恋变成光天化日下的单恋，我骤然狼狈无措。

“诺曼底都能登陆，南南当然能拿下杨晨希！”

小曼信心满满地帮我策划“登陆”。

所有的爱情片都是从偶遇开始，没有偶遇，也可以人造偶遇。

教室、食堂、图书馆、球场……凡是他会出现的地方，我也刚好路过；他进进出出的时间表，被大熊那个“卧底”出卖，总会那么巧地，使他遇上我。

每当遇见，他总微笑。

既不陌生也不熟悉，刚好一笑而过。

假如他并不讨厌这相遇，是不是，可以把相遇变成相约？

我鼓起勇气，在图书馆里相邻而坐；在去教室的路上，与他谈论作业与功课……他专注聆听，耐心解答，偶尔的玩笑，让我越来越有所期待。

我开始约他一起上自习，相互帮着留座位。

里程碑式的成果是，终于互留了手机号码。

“不是吧，你们现在才留电话？”小曼像惊悉远古穴居人原来是这样谈恋爱的。

算是在谈恋爱了吗？我惴惴。

Chapter 03

替身表白的后果

耐着性子等了一天又一天，他没有主动打来，也没发过短信。

我鼓起勇气发了第一条短信给他。

“明天下雨，出门记得带伞，晚安。”

他回：“好的，你也早点睡。”

这是关心吧，一定是，我抱着手机，被短短几个字感动到眼眶发热。

从此发短信成了我每天最期待、最隆重的事，仿佛一种仪式。

“下午的课，别忘记带作业。”

“早安，今天天气真好。”

“下周降温，准备好厚外套。”

“最近好多人感冒，注意身体。”

尽量字斟句酌，尽量细心又不罗嗦，不能太频繁，不能错过重要时刻……我小心翼翼，如对待珍贵脆弱的瓷器，来对待一条条短信，对待一个来之不易的开端。

他的回复从来简单，“好的”“你也是”“晚安”……是高频词，没有多余的话，偶尔不回复。起初没有等来回复时，我沮丧，然后习以为常，继续着一个人小心翼翼地靠近。

像一只蜗牛慢慢爬。

爬过了一个学期，转眼就是寒假。

大学的第一个学期，寝室里有人已经分手过两次，交了第三个男友，而我还在蜗牛爬。

放假离校前的那一晚，我们偷藏了啤酒带回寝室，几杯过后，她们联合起来，逼我去表白。

我慌了手脚。

小曼拿起电话："受不了你们磨唧了，你不说，我说。"

整个寝室沸腾了，熄灯之后的欢呼差点儿招来宿管。

我在上铺，被睡下铺的姑娘堵住，不许我下来抢夺电话。

那是一种即将"就义"的心情，心在胸腔里跳得张牙舞爪，世界末日仿佛就在顷刻。

小曼拨通了电话。

有人促狭地按下了电话免提键。

我拿被子蒙住自己，耳朵里一阵嗡嗡。

小曼先找大熊，让大熊叫起已经睡了的杨晨希接电话。

他睡意蒙眬的声音传来。

我抓起被子堵住耳朵，一个字也不敢听。

却还是听见小曼笑嘻嘻的语声穿透了厚棉花。

她大声说："杨晨希，知不知道有个人一直很喜欢你？"

电话那边沉默。

小曼追问："喂，在听吗？"

"噢……"他的声音传来，"这么晚了，你们寝室还不睡？"

寝室很静。

嗒的一声，小曼拿起了话筒，听不到免提话音了。

她明显低下语声，说了句什么。

我掀开被子，脑子里昏昏的，从上铺下去的时候太匆忙撞了膝盖，也没有人拦我了，小曼愣愣地任我夺过听筒。

里面传来他的声音："……没什么事我就挂了。"

"杨晨希。"

我一开口，声音在抖。

"小曼是想帮我说，我没勇气对你说的话。"

电话里很静。

他未开口，呼吸的声音先传过来，在电流杂音里，像有遥远风声。

"我知道。"他说。

眼泪滚落。

是啊，怎么可能不知道，即使全世界都瞎了，他也看得见我卑微的爱慕。

没有回应，已是最明白的回应。

不知道的只是我。

用尽最后的力气笑着说："那么，晚安。"

一个寒假浑浑噩噩过去了。

开学时，初春天气犹带轻寒，校园里的桃花已酝酿着灼灼。

遇见他，还是会笑一笑，若无其事地从他身边走过。

我一直伪装得很好。

起初他有些不自在地回避，目光从我身上掠过，渐渐见我若无其事，便有了些悄无声息的迂回，每每当我回头，会发觉他的目光匆匆移开。

是我一厢情愿的错觉吧？

开学没几天，就是小曼的生日，我们又偷偷抱了啤酒回寝室，熄灯后吹蜡烛，分蛋糕，嘻嘻哈哈，迷迷糊糊，没心没肺，躺在各自的小床上说各自的心事。

一定是酒精作祟，那个绝口不提的名字，我不由自主地说了出来，眼泪夺眶而出。

她们手忙脚乱地安慰，说着杨晨希种种的古怪讨厌处，说他不配被我这么喜欢。

后来我就晕晕地睡着了，醒来当做糗事一桩，主动失忆。

过了几天，登录QQ，看到好友申请的小喇叭一闪一闪。

心不在焉地点开，验证信息里写着三个字："杨晨希"。

盯着这名字看了又看，手指发僵地点了通过。

好友列表上亮起的头像小人，令我呼吸都屏住。

头像动了，他在线，发来一个笑脸。

我回以笑脸。

他问："南南？"

我手忙脚乱地敲字："你怎么有我的号？"

"你最近还好吗？"

"挺好。"

"听说你不是很开心。"

"没有啊。"

"有一天你在寝室喝酒，哭了？"

"谁说的？"

"对不起……"

是谁多事，把那晚我失态的糗事告诉他的？想想除了小曼，谁还这么热衷关心我和他的事。我该对小曼的热心表示感激还是苦笑，又该对屏幕上这声"对不起"，说一声"没关系"，还是"不稀罕"。

知道有个女生为你醉酒大哭，臭男生的虚荣心和大男子主义超级被满足，于是同情爆发是不是？如果，如果这句话是小说里男主角对女主角说，我会嗤笑。

可是当他对我说，我明知道这有多么讨厌，依然不争气地蓄了泪。

爱情很霸道，自尊很谦让。

QQ 安静了一阵，跳出一小行字，他问："你还喜欢吃棒棒糖吗？"

我拉开抽屉，看着整齐码放成一排的珍宝珠。

"喜欢。"

"嗯。"

他的 QQ 静了，没有信息再发过来，头像也变成灰色。

我舍不得关闭对话框，翻回聊天记录，一个字一个字看了又看，想象他坐在电脑前，在键盘敲下每个字时，是什么样的姿势和表情。

桌上电话丁零零响。

接起来是他的声音："南南，下楼来，有东西给你。"

奔到窗边探头一看，真的是他站在宿舍大门的梧桐树下，拿着手机，仰脸向上望，与我的目光撞个正着。我跳起来，在镜子前团团转，眼睛还有哭过的红肿，前几天修剪不成功的刘海儿看上去很傻……可我不管了，三步两步往楼下冲。

远远就看见他，站在午后的阳光里。

我竭力像个淑女一样慢慢走向他，深呼吸，再深呼吸。

他朝我伸出双手，微微笑，掌心里捧着七个颜色的珍宝珠。

Chapter 04

就好像我们是情侣一样

科技拯救世界，网络拯救了我原以为隔山隔水的相思。

我们每天在教室遇见还是只会点头笑笑，说声早上好，却会在QQ上闲聊，开玩笑，分享好看的电影、好听的歌、搞笑的图片……我的QQ随时手机在线，眼巴巴地盼他上线，看到他的头像小人儿亮起，就像全世界都发了光。

总是我先说话，先敲敲他，问上一声："Hi！"

有时候他的回应寥寥，只说一句，"我去看书了"或"在打游戏"，头像依然亮着。我就忍回去许多想跟他讲的话，不打扰，也埋头做自己的事，时不时地看一眼他的头像还亮在QQ上，觉得他和我是在一起的，是很近的，于是满心欣喜。

寝室了除了小曼和大熊这对，不久，我下铺的姑娘和他们寝室另一个男生也恋爱了。

我和他被默认为潜在的一对，两个寝室号称"门当户对"。

从此神奇的六人组合出现，每当那两对约会，总把我们也扯上，非要凑成六人行。

例行程序是：泡图书馆——逛操场——吃夜宵，偶尔溜出学校通宵唱歌或看夜场电影。那两对是正经情侣，一本正经地谈恋爱，我和他却是凑数的路人甲与路人乙。

或许是校园生活平静到无聊，他乐于和我一起充当六人行的男女配角。

就算是配角，我也当得满足欢喜。

我开始学习化妆，琢磨衣服发型，斤斤计较自己的体重，想为他变成一个更美好的人。时间可以改变一切，他会慢慢喜欢上我……我告诉自己，一定会，如果没等到，必是因为我还做得不够好。

查遍了所有的星座匹配、名字测算，寻找我们有缘的证据。

在日记本里傻傻地把他的名字写下117遍，据说这样会使咒语灵验，心愿实现。

生日暂时等不来，就找来一堆稀奇古怪的节日，作为送他礼物的理由——牛奶节，送酸奶；爱耳节，送卡通耳机；世界气象日，送新雨伞；国际博物馆日，邀他去逛博物馆。

有他在身边，就是我的节日。

我以田螺姑娘为学习目标，相信男人都爱那样的女孩——每天设好早上的闹钟，迷迷糊糊醒来，打电话叫他起床；作业多得做不完的时候，先熬夜赶完自己的，再帮忙做他那一份；还有洗衣服，即使他不肯让我洗，把衣服藏起来，我也总能偷偷拿走。

吃水果的时候，把柚子剥好分开，把菠萝切片，浸完盐水、涂上蜂蜜，装在可爱的餐盒里给他；出太阳了，男女生都在宿舍楼下晒被子，男生们总是笨手笨脚，而他只用站在一旁看着我干脆利落把被子晒好。有的男生羡慕，朝我们吹口哨起哄。他会脸红，低声说："你不用做这么多的，还是让我自己来吧。"

我想他一定是口是心非，有个人对你这么好，怎会不乐意。

傻傻地付出，是不是爱一个人最好的方式，那时我并不懂。

只以为，不拒绝就是接受，接受就是喜欢。

为他做任何事我都开心，从没问过他是否真的需要。

直到很久之后，我才渐渐明白，不被需要的付出，只是额外的负担。

Chapter 05

今夜最亮的星星是他的眼睛

惹人心思浮摇的春天谢了幕。

初夏时节，熏风拂拂，树荫透出沁碧的颜色。

五月的第二个周末，我们六个人去郊外旅行。

踏着溪流旁的小路进山，竹杖为马，牵手攀援，在山涧里打水仗，泼得一个个都成落汤鸡。我和小曼摊开野餐布，拿出水果、点心分盘。

他头枕着双手，仰靠在河边大石头上，远远地看着我。

我的心飘上云端。

爬到山顶已是傍晚，夕阳西沉，远山苍茫，暮霭里流淌着一层珠光。

住在民宿，男女生房间还是像宿舍一样分开。

入夜，良辰美景，正牌情侣们都出去私会了，剩我们两个在相邻的房间里各自待着。

我洗完澡披着湿头发，拉他陪我散步。

山间夜色如一幅淡墨画，远离尘嚣的安静，繁星点点近在眼前。

小溪上有座弯弯的石桥，我们并肩坐在桥上看星星，流水在脚下无声地闪动粼光，映出一小片一小片的月色，像很多银色的小鱼游过。

草丛里蟋蟀在远远近近地哼唱。

他没有说话，仰头望着星空发呆。

此时无声胜有声，似乎可以坐在这桥头，一直坐到天荒地老。

我叹了口气。

他还是沉默。

我又叹一口气，其实只想他主动说句话。

他终于转过头来：“要不要回去？”

难道和我在一起真有这么乏味，我赌气回答："不，我想一个晚上都坐在这里。"

"那我陪你。"他笑笑，低头看我只穿拖鞋的脚，"你不冷吗？"

"不冷。"我扭过头不看他。

虽然是初夏，我一向手脚畏寒，被清凉的夜风吹着，早已冰冷。

突然间脚上一暖。

我呆呆地低头，看见他蹲下来，将我双脚捂在掌心："这么冰，还说不冷。"

我一时反应不过来，突如其来的亲密，像在做梦。

"你不回去，我就帮你焐一个晚上。"他看着我，满眼笑意如此温柔。

夜空里所有的星星加起来，也比不上他眼睛的明亮。

我想，我是真的恋爱了。

Chapter 06

"你真的很好，可我……"

第二天，前往下一站的旅行车上，我和他坐在一起，终于像真正的情侣一样。

车上空调太强，他将外套罩在我和他身上，温暖的手不声不响地伸过来，在衣服底下牵住我，将我冰冷的手握在掌心。

我靠在他肩上，甜蜜地睡了一路。

小曼他们都看出来一夜之间我和他的关系有了变化，虽然他们并不知道发生了什么，连我自己也还懵懵懂懂的，不知是什么悄然改变了。

天黑前赶到下一处景区，又要在山里过夜。

他们也不客气，直接按对分配，把我俩硬塞在一间房。

平生第一次和男生睡同一间房，也没有怎样尴尬，心里知道不会发生什么，只是各自躺在一张小床上，就着昏黄灯光，有一搭没一搭地聊天，我翻着小说，他玩手机游戏。

聊着聊着就困了，他说："睡吧。"

山里不像城市，关了灯，就真的一丝光亮也没有，伸手不见五指。

"好黑啊。"我裹紧被子。

"你怕吗？"他轻声问。

外面夜风吹得树叶哗哗响，山郊木屋，黑黢黢的夜，浓重阴影像伏在屋角的妖怪。

一闭眼就有张牙舞爪的幻想。

"我不敢睡。"

"我在这里，不怕。"他柔声安抚。

"你能陪我睡着再睡吗？"我把被子蒙过头，黑暗里他看不见我的脸有多红，听不见我心跳得多快。

他窸窸窣窣地起来，在我床沿坐下，摸了摸我头发，半靠在我身旁。

他的味道真好闻，一呼吸就全是他身上清新的香皂味道。

小心翼翼地躺着，我一动也不敢动，他似乎也将呼吸都放轻。

沉默中像是过了很久很久，直到他在黑暗里，低声问："你为什么喜欢我？"

我呆住，慢慢地，耳根脖颈开始发烧，无地自容地窘迫。

"你为什么不喜欢我？"我反问。

"我也喜欢你……我……"他语塞，一时没有话可以接下去。

我在黑暗里徒劳地睁大眼睛，也看不清他的表情，心里酸苦辛涩激灵灵涌上，从未有过的冲动，眼睛一闭，凑上去就吻了他。

他的嘴唇又薄又软。

他胸膛下心跳的声音清晰可闻。

他的唇尝试回应，他的手也慢慢环上我腰间，将我拥抱。

我闭上眼睛，愿意等待任何事的发生。

等来的是一声叹息。

他叹气，慢慢松开手，将我推开了些："你真的很好，我喜欢和你在一起，但是我们……需要多一点时间。"

大约呆愣了许久，回过神来，我开始发抖，眼泪不受控制，直往外涌。

分不清是伤心还是羞耻，我咬住嘴唇，咬得好痛，也忍不住哽咽。

他在黑暗里伸过手来摸我的脸颊，摸到一手泪，呆了呆，抱住我："对不起，对不起，你真的很好，是我太蠢了，不是你不好，真的对不起……"

此刻只想他闭上嘴，什么也不要说，每一声对不起都像针在扎我。

整夜的哭泣，终于累了，天快亮时我迷迷糊糊地睡着，只知道他还一直抱着我，拉着我的手，不停为我擦去眼泪。

好像睡了很久，又好像只是迷迷糊糊了一小会儿，做了纷乱得可怕的梦。

醒来时，早上阳光透过窗帘照着我和他。

他看着我，温柔地低头，吻了我的额角。

"睡醒了？"

他暖暖地笑，前所未有地温柔，昨夜一切好像只是场噩梦。

我目不转睛地望住他。

他拿过我放在床边的衣服，帮我拢了拢头发，看着我的眼睛说："我们在一起吧。"

面对结束的勇气，被这句话击溃，我说不出一句硬气的话。

假装天亮之后的温柔才是真相，其他都不重要。

等了这么久，怎能舍得放手。

Chapter 07

结尾比开头更仓促

他从来没说过爱我，我也小心翼翼地不强求。

我们在一起，像所有的情侣，即使我知道，有什么总不一样。

相爱的人如胶似漆，而我和他之间，缺了某样东西，黏也黏不起。

他忽冷忽热，若即若离，时不时又给我的一点好、一点甜，及时让我麻痹自己。

生日的时候，他送来带着露珠的白玫瑰，和一只绘有公主王冠的蛋糕；

雨后走在林荫路上，他会揽过瑟瑟怕冷的我，拉开风衣，把我裹在怀里；

我想吃巧克力，外面下着细雨，他会不声不响地跑出去，回来时发梢湿透，笑着从包里掏出一袋黑巧克力；

每件事，每句话，每个点滴细节。

他的每一点好，都在我眼中无限放大，永久收藏。

又一个学期结束了。

新学期没有什么不同，唯一的新鲜事，是他们一个接一个迷上了魔兽世界。

最先是大熊，小曼被拖进去，再是他，还有寝室里另一个姑娘，最后我也忍无可忍追上他们的步调，好奇地想知道，这网络游戏到底有多大魅力。

小曼和大熊很快就在艾泽拉斯大陆上联袂笑傲江湖了。

他手把手地带我练了一阵子，耐心十足，终于会在QQ上主动找我，却总是问，要不要草药、矿石、魔纹布……明明几分钟就可以从他寝室走到我们楼下，我们却天天对着屏幕，在游戏里并肩跳跃前进，一起组队打怪，一起练级，一起在达纳苏斯的湖泊边看星星，一起骑着狮鹫飞越雪山。

现实中的六人行，变成了游戏里的四人小队。但我不是真心有多喜欢，只是为了和他一起。新学期开始后，我辅修的第二专业变得课业繁多，考试也难缠，渐渐玩游戏的时间少了，很多时候在寝室，小曼废寝忘食地和他俩刷副本，我在一旁看书、做作业，时不时凑过去看一眼游戏里那个化身圣骑士的他。

有天小曼说："有个奇怪的人，总是送我东西，我一个人练级的时候他老在旁边跟着，看到我要死了，就过来加血，帮忙，是个圣骑。但是每回大熊他们在，这个人就不见了。"

"哇，神秘仰慕者，说不定是现实中的熟人，熊哥有情敌了！"我哈哈笑。

小曼耸耸肩，指着电脑屏幕："你看，就是这个人。"

我探头过去，那人的ID是Arado什么什么，不知为何，觉得眼熟。

但我想不起Arado的意思，不确定在哪儿见过，没往心里去。

人的本能就是那么奇异。

我记英文单词从来都很笨，单词们掠过眼前就成浮云。

偏偏这几个没头没脑的字母一直没忘记，逗留在记忆里，仿佛故意为了等到几天之后，在一个平平淡淡的傍晚，我买好了两个人的饭，送到他寝室。看见他书架凌乱邋遢，顺手整理，将他最喜欢的那个飞机模型拿下来——他攒了几个月零花钱才咬牙买下的宝贝，说是二战时一款德军飞机，命名Arado。

他看见我站在书架前，呆看那飞机模型，催我吃饭，说饭要凉了。

我放下模型，坐到小桌前，和他面对面吃饭。

他自然而然地从我饭盒里挑走我不吃的肥肉，把我爱吃的胡萝卜从自己盒里夹过来。

嚼着胡萝卜，再没有以往的清甜，如同纸片。

我沉默地往嘴里扒拉饭。

“今天怎么不说话了，饿急了？”他笑问。

顿住手，我盯着不锈钢饭勺上映出自己变形可笑的影子，也笑了笑。

“我以为单恋最辛苦，其实不是。每天对着一个自己不爱的人，看着真正喜欢的人，和别人在一起，这样才最辛苦吧？”

寂静。

我没有抬眼，没有看他的表情。

他没有什么反应，也没有回答。

小饭桌前的两个人就这样木然相对，直到饭菜渐渐变凉。

我站起来收拾洗碗，他拦住，说：“我来洗。”

从我手里接过饭盒时，他握住我的手。

我沉默着将手抽出。

那天走出他寝室的门，我知道，不会再坐在那张小桌前，和他面对面吃饭了。

再也不会了。

就像那些写得糟糕的言情小说，总是结尾比开头更仓促。

Chapter 08

问一声，你好吗？

我们之间从来没有像结束时这样默契过。

不约而同，一起沉默，一起疏远。

没有追问，不须解释。

很多事总是过后想起来才茅塞顿开，比如，他不是很合群的人，却愿意跟我们六人行；他明明不喜欢热闹，却总不拒绝小曼发起聚会；每次小曼开我们的玩笑，他都反应木木的，以致小曼私下对我说，这家伙没有幽默感；每次六人行的活动里，不管大家玩得多开心，他总是郁郁寡欢；那一次小曼打电话替我表白，他的反应那样冷淡……这是怎样透心透肺的茅塞顿开。

最初那些煎熬的日子，一天天、一刻刻迟缓挪过来，曾经温暖的一切在自己怀抱中寸寸死去冷却，哪怕心里有炭火在炙烤。这样也好，死了心，就不会为一丝牵强期待而辗转反侧，不会一次次忍不住问自己——为什么他不爱，我哪里不够好？

不知道答案的时候，一个人会自怜自哀。

知道了原因，反而委屈怨恨不起来。

我并不是不可爱的女子，我也被人追求喜欢过，从未曾这样低声下气对人好、为人累、将人迁就，为着他，将苦楚都狠狠尝了，甜蜜也浅浅尝了，求仁得仁，何尝不是圆满。

那个关于 Arado 的秘密，除了我和他，没有人知道。

大熊不知道，小曼也不知道。

没有人知道我和他好端端怎么就分手了，我只是说，没有感觉了。

游戏我再也没登录过，他们问起，我说要专心学习。

后来有一天，小曼不经意地提起，那个游戏里的神秘仰慕者好像消失了，再没出现过。

再后来的一天，听说他有了新女友，是在游戏里一起玩的女生。

我们分手后的那个情人节，有学长送我玫瑰花，我收下了，和学长吃了几次饭，于是传说我也有了男朋友。

两个人就这样淡出彼此的世界，像从来没有过交集。

再一次收到他的短信，是半年后了。

那时候系里组织采风，他是去婺源的那一批，我去了甘南。

在甘南的日子，远离喧嚣，足以忘忧。

时间过得平缓，没有痕迹。

采风快结束的时候，一天早晨醒来，打开手机有未读短信。

“最近你好吗？”

发信人的名字跳入眼中，我在甘南清晨明亮的阳光中，怔怔失神。

这么久，到现在，他想起我来，轻轻问一声，你好吗。

短信的发送时间显示是夜里两点。

婺源的静夜，他是否走过了某座小桥，看见某片星空，想起某个夜晚在山间，曾一起看星星的某个女孩，想起他曾用双手为她焐暖冰冷的脚。

短信看了很久，我没有回复。

我是不肯拖泥带水的天蝎座。

Chapter 09

有一个人，我曾用心对待过

大熊和小曼是全班唯一一对从大一坚持到毕业还没散的情侣，他们共同留在了这个城市，为了在一起，各自有所放弃。大熊憨厚，小曼率直，两个人吵吵闹闹，不离不弃。

校园恋情是一棵树上缤纷结满的漂亮果子，大多数被鸟啄被风吹被雨打去，结成正果的寥寥无几，但哪怕只有一个成熟，也让见者欣慰。

我相信小曼从头至尾都不知道那个游戏中的神秘仰慕者是谁。

恐怕她都不记得有这回事。

这样想来我比那个神秘仰慕者幸运得多，起码，我爱过的人，知道我爱过他。

听说他得到交换生名额，要去法国留学。

我也找到一份自己喜欢的工作，未来在前方闪烁着希望的小光斑。

毕业聚餐那天，喝着告别酒，很多人喝高了，女生们醉后哭得梨花带雨。

我喝了不少酒，没打算清醒着回去，头晕了，眼花了，却依然清醒。

混乱场面里，表白的表白，拥抱的拥抱，号啕的号啕，豪言壮语的也不少，我清醒着看这一切，蒙胧眼前的，是他的身影。

我们已经很久没面对面说话了，各自忙实习，好久不见。

他拿开我面前的酒杯："不要喝了。"

我笑笑，站起来，推开他欲搀扶的手："没事。"

他欲言又止地望着我。

把自己关在洗手间，捧起冷水洗脸，整理头发，补上一点唇彩，白晃晃的灯光下，我打量自己的脸，这四年间有些什么在不知不觉中改变。

出来看见他一直站在门外等我，踌躇的表情，踯躅着开口：“还好吧？我送你回去。”

我笑着摇头：“不用，我自己能回去。”

他望着我，目光倒像比我喝得还多，还迷茫。

有一句分手那天很想很想问他的话，那时候忍住没有问，到现在，还要问吗——

“你有没有一点喜欢过我？”

其实我知道答案。

还记得那个夜晚，最亮的星子，落在他眼里。

那一刻的心动是真的，温暖是真的。

我在美好的时光中，竭尽美好地爱过一个人，是真的。

他轻声问：“还喜欢珍宝珠吗？”

积攒了满抽屉的，七彩缤纷的珍宝珠，后来搁得太久，没舍得吃，放过了期。

我也早就不再叼着棒棒糖，当自己还是小女生。

“不爱吃了。”

“哦。”

他声音里有浓浓失落。

我低下目光：“谢谢你的珍宝珠，谢谢你。”

他沉默了很久，缓缓说：“我知道你不喜欢听对不起，也知道你已经不需要，只是，我一直很内疚，那时候对你太不好。现在只想对你说……祝你幸福。”

我趁自己还没有哽咽之前，上前一步，张开双臂拥抱他，一如既往地主动……主动靠近，主动拥抱，主动说再见。到这一刻，满心满怀只存感激，感激他令我体会过爱情的滋味，不止七个味道，不只有珍宝珠的甜，它令我流过泪、受过伤，也令我成长为现在的自己。

它终究是那样美。

也许多年后，我们遇见，还是会在人海里惊喜地说声“Hi”——那时候，他和谁在一起，我又身在哪里，与什么人相爱，只有那时候的我们才会知道了。

那时候，这时候。

任何时候都不会忘记，有一个人，我曾用心对待过。

End

有一种爱，结束却又意味着开始，

在一个点结束，却能在另一个点开始。

这种看似玄妙的循环相遇，我们称之为缘分。

真正有缘分的两个人，无论分开多久，

相隔多远，总是能在意想不到的时间、地点，

再度重逢，开始全新的爱的旅程。

注定之爱

外语学院的夏天

I just wish someday and somehow, we can be back together.

Together we will stay,

always

and

forever.

所谓缘分，

便是兜兜转转之后，

总会在某个时间不期而遇。

article by

缪娟

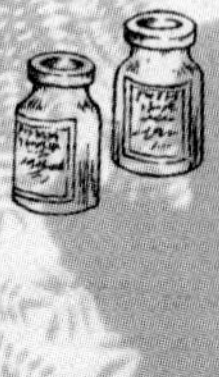

1

那年六月，校园里面的芙蓉树都开花了，粉嘟嘟带着小刺儿浮在厚实的绿叶子上，空气里面都是香甜的味道，广播里面成天放着梁静茹唱的《勇气》。艾格周末有一条主打款的小黄短裙子很受欢迎，我看见很多女同学买了，有人配白色运动鞋，有人配碎花小布鞋。这个临海的城市到了夏季瓜果丰富，大粒的玫瑰香葡萄五块钱三斤，樱桃六块钱一斤。食堂卖麻辣烫的窗口来了一个四川口音的小伙子，因为长得像古天乐，生意好极了，销售额屡创新高，把旁边柜台的大婶气得够戗，不得不在冷面里面多添加半根火腿肠。

那天晚上，六个人的寝室里面在宰一个薄皮小西瓜，电话忽然响了，彼端一个男生，说找赵晓理。赵晓理一手拿着块西瓜一手接电话，答复了几声，面色阴晴不定。她后来跟我们复述了电话的内容：

"你是赵晓理吗？"

"嗯。你是谁？"

“我是谁并不重要。你的英语口语证书在我手上。”

“你想怎么样？”

“……想约你见面。”

赵晓理略沉吟：“哪里？几点？”

男生没想到赵晓理居然这么轻易就答应了，估计在另一边激动了，然后哽咽了，然后颤抖着说：“再、再等我消息。”然后决然地放下了电话。

赵晓理吐了西瓜子说：“怎么什么招儿都有？还敢拿我口语证书，我还等着这个证书假期找家教呢。”

赵晓理是班上最好看的女孩，长得好像李小璐和蔡依林的综合体。除了法语口语里面总带着唐山口音不能自拔之外，她上大学最大的烦恼就是怎么拒绝那些喜欢她的男孩。刚开始还是温柔婉转，有礼有节的，后来就比较直接残忍了，但这玩意儿就跟抗生素一样——越强大，病菌也就会越顽固，终于有一个病菌把她的英语口语证书拿走了，以此威胁要见面深谈。

我敢打赌有的是女孩嫉妒她，但我就不。

首先我学习好。我的法语口语棒极了，外教课的时候，老师说我一点中国口音都没有，然后他补充道，听上去有点像美国人（呵呵，说到这里，真是得意啊）。

然后我从来不觉得男同学们的追求有多重要、多值得羡慕，我的注意力就根本不在外语学院这帮傲娇男身上。我只喜欢男老师。三十岁左右的青年才俊，知识渊博，成熟多金，幽默风趣，风度翩翩，而且他们各有特点。

大一上学期的时候，我匿名写过一封情书给教三年级文学课的杨老师，里面我最得意的一句话就是：您在报告会上解释虚拟式，如此博学、如此严谨、如此稳健，散发着理性和科学的光辉，把您身边的所有人都给虚拟了……情书石沉大海，杳无回应。后来我才知道杨老师的孩子都四岁了，我这段情就夭折了。

大一下学期的时候，教我们计算机的老师是个喜欢穿高领衫配西服的白面冷峻帅哥，当年在大连理工大学念书时也是校树级别的人物，最厉害的是说话男低音,魅力无限啊。我就在计算机课上疯狂地提问题。我当时是这么想的：女学生这么多，让他喜欢不容易，但让他讨厌我应该难度不那么大吧？管他喜欢还是讨厌,让他记住我就可以了。于是:老师我这电脑不好使！老师我这键盘坏了！老师这个英文是啥意思！哎,老师,我这屏幕上怎么这么多韩国字啊……老师终于过来看了一眼,面无表情地告诉我：这不是韩国字，这是乱码……后来这位老师跟体育组的一个教太极拳的女老师谈恋爱了，我的这段情连他具体姓啥都不知道呢就又结束了。

大二上学期我喜欢新来的外教，就是评价我说法语像美国人的家伙，名字叫做让，金头发蓝眼睛，可好看了。那个学期我上外教课非常用功，成绩也很好。可是喜欢着喜欢着，我就不喜欢了，就淡定了。原因很多、很复杂，最直接的，一下导致我心凉透的就是，我们那天讲《巴黎圣母院》，讲卡西莫多，让老师就驼着背、鼓着嘴巴、皱着脸，表演了一下卡西莫多，完了，从此以后我怎么看都觉得原来很漂亮的让像极了卡西莫多。这个故事还没开始就又结束了。

二十岁的女孩子就是这么回事，念头跳动得比火星儿还快。也不是不认真或者瞎胡闹，只不过就是没有遇到真正喜欢的那一个。不过遇到了恐怕自己也不知道。

那天下午天气好热，我正在教室里趴在桌上睡午觉，导员让三个女同学去她办公室，说接下来的一个星期，市政府承办国际会议，系里面有一位老师去给领导做翻译，我们也借光有了一个去市外办帮忙的机会。那是我第一次见到韩萧，我睡得迷迷糊糊的，眼睛都没太睁开，就见沙发上坐着一个年轻人，高高瘦瘦的，脸孔白净，鼻梁很高，是个聪明的、意志坚定的人。开始我还以为韩萧是学长，后来才知道，原来他是老师，刚从国外毕业回国教书的老师，市政府外办聘请的法语高翻。我觉得自己心里面又一个火星蹦出来了。

在赵晓理忙着拒绝男同学，我忙着暗恋男老师的同时，比我还小半年的梁志雯居然在她妈妈的安排下相了第一次亲。当然这事她当时是保密的。我们后来长大了，一次聚会的时候她才说。男孩是她妈妈战友的孩子，在驻机场海关工作，浓眉大眼，黑黑壮壮的，并不难看，外形是打虎武二郎风格。从头到尾不说一句话，偶尔看看梁志雯，偶尔用公共筷子给她夹一只虾吃。一直不停说话的是召集他们见面的男孩的妈妈，把梁志雯的学习成绩、理想爱好、作息习惯甚至健康状况问了个仔细。男孩的妈妈问，梁志雯就老实回答。她这人长得白净斯文，手指特别长，据说这样的人会当官太太的。吃完了饭，他们送她回学校，男孩开着一辆大吉普，梁志雯下车的时候，长得像武二郎的男孩对她说，我们下个星期见。

2

赵晓理收到一封信，上面留了一个手机号码和一行字："请你在十五号下午三点钟打这个号码，我会告诉你接下来要怎么做。"

那个夏天，手机在大学生里面还是稀罕物。我要去市外办帮忙了，妈妈把她的手机借给了我。赵晓理就是用我的这个手机按照男生的要求打通了他的号码。三声铃响，男生接了电话，深沉地只说了一句话就放了电话："我在校园门口的稻香村饭馆等你。"这事实在好笑又让人好奇，我跟梁志雯陪着赵晓理一同去了稻香村饭馆。这家饭店在校园正门口，因为价格低廉，舍得放盐，颇受学生们的欢迎。饭馆有里外两间屋。中间用一个帘子隔开。我们进了第一层，除了尖下巴老板在那里算账之外没有别人。这时电话响了，赵晓理接起来，对方说："你的英语证书，我放在咸菜碟子的下面了。"布帘子旁边，两间屋子的连接处有个咸菜桌，上面放着四五碟咸菜，一块钱一小份，两块钱一大份。我们这时才注意到赵晓理绿色的英语口语证书被包在一个透明的塑料袋子里，放在一大盆子红瞎瞎的拌腐竹的下面。

事情到了这里，已经不是要拿回英语证书的问题了。究竟是什么人这么执著，处心积虑地要以这种方式向赵晓理介绍自己呢？答案就在布帘子后面。

男生仍在电话里面对赵晓理说："你现在可以看看我的背影。你要是愿意就进来；你要是不愿意，就拿上你的证儿走吧。"

我们三人面面相觑。赵晓理踟蹰了一下，还是轻手轻脚地挑开帘子，往饭馆的里屋看了一眼。她只看了一眼，就拉着我们轻手轻脚地走了。

晚上她请客吃西瓜的时候，赵晓理跟我和梁志雯说，她看到一座小肉山——那个男孩至少二百四十斤。

这事情很搞笑，我在市外办欧美大洋洲处帮一个三十多岁的姓周的大姐整理材料的时候想起来就偷着乐了，周姐说你是想起来你男朋友了吧？我说没有啊。她说肯定是。我搅和不过，就把赵晓理的遭遇换了个人物名字给周姐讲了。她听了也被逗得够戗，笑着笑着就把手里的一组文件给撕了，然后扔在了垃圾桶里。我当时就呆住了。

“周姐，你为啥把这个给撕了？”

“废了呀。没用了。”

“废的是这个。”我晃了晃手里的另一份文件，“上面这个叉是你标的呀。你手里那个是从主任办公室来的，正确、完整的与会者名单啊，周姐。”

周姐当时傻眼了：“电脑里还有备份没了？”

“没了。得去主任办公室要。”

“那可不行。得，我重新拼在一起，粘回来吧。哎呀，我真糊涂啊，就听着你讲笑话了。”她开始责备我了，然后装可怜，“儿子还在幼儿园等着我接呢，咳嗽一个星期了，等会儿带他去看中医……”

我想了想，这事也多半是我的责任：“要不周姐你去接儿子回家吧。我留下来把名单复原。”

“这个，这合适吗……”她已经伸手去收拾自己的包了，临走了不忘嘱咐我，“可得弄完啊。明儿开会就要用。”

那天我自己留在办公室工作到了晚上八点多钟，才把被周姐撕碎的名单粘好了一半。累得腰酸背痛眼抽筋的时候，听见背后一个声音说：“你弄这个干什么？”

我抬头看看，是韩萧韩老师。我脑袋里面霎时闪过无数可供参考的电影、小说和电视剧情节，然后虚弱地说：“就这么一份与会者名单，不小心撕了，得重新粘回去。韩老师，你要下班了？”

“嗯，下午才拿到市长的讲话稿，刚刚才翻完送审。”他皱皱眉头，“晚上学校十点半关门，你这速度能弄完吗……”

我沉默。

“……我帮你吧。”

我甜美地笑了，心里面有一朵恶魔般的小玫瑰瞬间开放。

那天晚上韩萧老师帮我粘贴好了与会者名单，我们赶回学校，前脚进门，大爷后脚关了大门。我回女生宿舍，韩老师回了诨名“巴士底狱”的青年教师公寓。那天晚上我蒙在毛巾被里想，从此以后我有很多事情可以跟人吹嘘了，比如我离得近近地看见韩老师右眼睛下面有颗棕色的小痣，比如我断定他用淡淡的、杏子味道的男士香水，比如我知道他是天蝎男，跟我金牛女正好般配，还有他才二十五岁还是单身，那么年轻、那么温柔……但是这些事情我才不会说出去，它们是只在我心里跳跃的火星。

我睡了个好觉。第二天国际会议召开，我早早起床换了西服套装去外办上班。当时天色蒙蒙亮，学校田径队已经开始训练，绕着操场跑圈的人里面有一个人的体型和脚步明显跟别人不太一致，像朵大乌云一样浮浮悠悠地往前飘。我忽然想起点事，颤抖着从包包里面拿出电话打给楼上的寝室，叫醒了正在酣睡的赵晓理："你、你快看看，操场上那朵大云是不是，是不是你那天看到的背影……"

谜底揭开了，只敢露出一个背影的英语系的大胖子顾军喜欢上法语系的美女赵晓理，为了她，他在这个夏天开始减肥了。

而这一天上午的我在国际会议的签到现场出了个小风头。一个个子足有两米高的五十多岁的丹麦大叔来签到，结果周姐的名单上没有他的名字，工作人员连忙现场补充资料。大叔是哥本哈根港务局一个不小的官员，脾气和架子都很大，等了一会儿就拉长臭脸给我们看了，我眼见着周姐和副处额角冒汗。话说我这人有个活跃气氛的习惯和特长，这时候凑上去笑嘻嘻地对丹麦大叔用英语说："先生，跟你打听个事。"

大叔斜了我一眼："啥事？"

"听说你们那里有个冰激凌叫做'何克磨勒富乐'，你会做不？"

话说这个"何克磨勒富乐"是我从汉学院一个丹麦女孩那里学的，是丹麦语中最有标志性的发音困难的单词，也是丹麦人最会交给外国人的单词，相当于中国"糖葫芦"或者"驴打滚"。话说我这句话一出口，两米高的大叔仰天大笑，笑声把整个签到室震得嗡嗡响，然后他一掌拍在我肩膀上："太惊奇了，姑娘你会说这句话。我会做啊！不过这里没材料啊，要不然就请你吃了。"

这时候周姐和副处补充好了大叔的材料，把他的代表牌给了他。大叔很愉快，气氛很融洽。我看见韩萧站在门口看着我呵呵地乐，我这心里更高兴了。要说一个人闪光的机会并不多，我这次闪光全闪在韩萧眼睛里面了，真是不白闪啊。哇哈哈哈哈。

我就这样给了外办的领导们一个"很机灵"的印象。那天晚上的招待宴会，因为有电视台新闻组的录像，领导的长桌不能有空位，处长就让这个很机灵的我坐在那个空位上了。前菜上来一看，耶，鱼肚！主菜上来一看，耶，龙虾！往旁边一看，耶，正在给市长当翻译的韩萧！我就是这样上了我这一生中最好吃的一堂法语口译课。

3

我在一边吃龙虾一边听韩萧给市长做翻译的时候，梁志雯也在吃东西。这第二次约会只有她跟武二郎两人，地点在一家西餐馆。武二郎点了梁志雯没吃过的玉米羹牛排和南瓜布丁，可梁志雯的脑袋里面记挂的只有麻辣烫和羊肉串。她这人我是了解的，她长得斯文，吃东西可野蛮了。麻辣烫里面还要放很多辣椒，羊肉串喜欢先炸后烤的。西餐不是她的菜。她能吃下去，完全是为了给武二郎面子或者是考验自己的耐性。两人谈起了以后找工作的事情。武二郎说："我妈妈认识你们学校师资科科长，她一句话你毕业了就能留校当老师。"梁志雯"嗯"了一声没接茬。男孩忽然笑了。她问他为什么笑。他说你吃牛排不能用这把刀，切不动。梁志雯就换了刀。男孩又说，你入党没？你大二了，应该递申请书了……那天梁志雯回了学校，在寝室楼下的小卖部又买了两个茶蛋和一个炸火腿肠，吃进去了才算饱。

国际会议三天之后结束了。我和另外几个同学作为青年志愿者得到了市外办给的嘉奖证书，还有三百块劳务费。我拿着着三百块钱在街上逛了好几天，最后我花了一百五十块钱买了一组台湾产的工艺蜡烛。这组蜡烛是七个小矮人形状的，造型可爱，惟妙惟肖，而且还是 bio 的，不会产生污染啊。要把它送给谁呢？

在一个飘着细细小雨的黄昏，我在学校门口一棵梧桐树下面的公用电话亭里，打通了韩萧的电话。他在那边接起来，刚说了一声“喂”，我就紧张得胃痛。我颤抖着说：“你是韩萧吗？”

“嗯……你是哪位？”

“你的蜡烛在我手上。”

“……我的什么蜡烛？”估计他必然蒙了。

“我给你买的蜡烛。”我说。我这热啊，头上全是汗。

“……你、你是，你是孙婷婷吧？”

他听出来是我了，我在那里待了两分钟没出声，然后我急中生智，打算跟他商量了一下：“如果我是孙婷婷，你打算怎样？”我觉得我快吐了。

他在那边也愣了，过了半天才回答：“你们不是下个周日考六级吗？你怎么不学习，在这儿玩什么呢？胡闹什么呀？”

一句话我万念俱灰，我支撑着告诉他：“跟你开玩笑呢，我不是孙婷婷。”然后我就把电话扔掉了。

从电话亭出来我就蹲在路边吐了。这个时候想起来小时候看的武侠片，武功高强的大侠明明不把对手放在眼里，可是心念感情被搅乱，影响了体内真气，最终胸口被击中，“呃”的一声倒退几步，张嘴吐出鲜血。但是人家吐的是鲜血，我吐的是中午的肉包子，又难看又狼狈。雨在这个时候还下大了，从大绿树叶子上噼噼啪啪地滴在我头发上、脖子上，难受死了。这个时候我忽然看见一双系带黑色皮鞋停在我旁边，一把伞遮在我头顶。我闭上眼睛想，这个时候千万千万别是韩萧，然后我看见一块深绿色的手帕递到我面前，然后我听见他说：“夏天最好别在学校食堂吃带馅的东西，你不知道吗？”

我蹲在那里不说话，也不肯起身。我闭着眼睛，我觉得这是我的幻觉，等会儿我睁开眼睛，这人就不见了，这尴尬的局面也就消失了。可是还没等我睁眼睛，有人拽着我一条胳膊把我抻了起来：“走吧，去医院吧。”

事已至此，我用他的手帕捂住嘴，哼哼唧唧地说道：“哎呀，你怎么知道我在这里啊？”

“这电话号码我认识。我上大学的时候用呼机，就指着这电话联系了。”

“哎呀……我才不去医院呢。学校医院的医生可凶了……”

“去铁路医院。最近好几个食物中毒的。你下周日不是还考六级吗？”

“我、我自己去行不？”

“我送你去。送去我就走。我晚上还有事呢。”

他说这话的时候，一只手打着伞，另一只手架着我胳膊，像很多言情小说里的男主角一样，用一种蛮横的却有趣的姿势带着我往前面走。我眼里的情景就是如此。而且当时天色黄昏，从我们学校到铁路医院的一串日本咖啡馆都点亮了灯箱酒幡，细雨如织，柳绿花红，空气还有人心里面都有一种湿漉漉的情意。

我仍用韩萧的大手帕堵着嘴巴，心里面想，我要把眼前的一切都好好地照下来，留在我心里，等到老了以后还要翻翻看，我二十岁这年夏天，这么浪漫的下午。

虽然我刚刚呕吐过。

4

古人说得好，破罐子破摔，爱咋咋的，事情已经是这般田地，我也不怕跟韩萧老师明言了。我在医院处置室里面挂着治疗肠胃炎的点滴瓶子，跟韩萧进行了如下短兵相接的对话。

韩萧："你现在还小……"

我："我有一初中同学，浙江人，现在孩子俩了。"

韩萧："你是大学生，你不能耽误学习。"

我："我学习挺好，没耽误啊。"

韩萧："你现在没有毕业，一切还没有稳定。"

我："什么东西没稳定？我现在就血压不稳定。"

韩萧："……我是老师。"

我："校规上没说，老师和学生不能……"

韩萧："校规上也没说可以。"

我："你知道咱们校长的夫人原来就是他学生不？"

他叹了一口气："下学期，我要去港大做访问学者……"

我当时站起来了，手上的针头撅了一下，把我疼得够戗："这都不是问题。"

韩萧看着我，皱着眉头："那什么是问题？"

我在心里面又说了一句古人说的话，然后我慢慢地说："韩老师，你对我有点意思不？"

韩萧坐在对面看了我半天，摇头说："不。"

我听了之后，思考了十秒钟，忽然发现，韩萧说"不"这件事情，并不如杨老师的孩子已经四岁了，或者白面冷峻的计算机老师和教太极拳的女老师谈恋爱，或者金发碧眼的让扮演卡西莫多更让我心碎。换句话说，我过往类似经历太多，如今已经免疫了。再换句话说，他说"不"的时候，我已经打算再去喜欢别的男老师了。

我耸耸肩膀，冷冷一笑："跟我想的一样。韩老师，我自己打点滴没有问题。你走吧。"

他站起来看看我，整理了一下衬衫，转身走了。

他要从处置室出去的时候，我说："哎，韩老师。"

他回过头来。

我从包包里面拿出要送给他的蜡烛："这是给你的，去港大的时候，停电的时候用吧……"

他收下了。

……

那天生病打点滴的不是我一个人。胖乌云顾军也病了，他疯狂节食并大运动量减肥持续了两个星期，最终因为肝肾虚弱在英语视听课上跟搭档做对话练习的时候晕倒了，晕倒前留下的最后一句台词是"Is this fat free（这个是不含脂肪的不）"，然后他被送入医院打葡萄糖。顾军打着葡萄糖时，赵晓理花五块钱买了三斤玫瑰香葡萄去看他。胖子流了眼泪，说早就知道因为他胖赵晓理不会跟他谈恋爱，所以想要减了肥再试试，这回一打葡萄糖，让好不容易减下去的几斤全回来了。赵晓理心软了，居然同意跟他交往看看。结果这几乎全校最不般配的一对儿从大二的夏天一直恋到毕业，毕业一年之后结了婚。

武二郎把一封入党申请书交给梁志雯，让她在期末考试之前递到导员手里，他妈妈会通过关系找找人，争取下学期就让她当上积极分子。

当时他们在一个海鲜餐厅，梁志雯用力扒开一只螃蟹，结果螃蟹黄甩到了武二郎的脸上，武二郎一边擦脸一边说："你小心点啊。"梁志雯终于忍不住了，对武二郎说："怎么吃螃蟹是我自己的事，入党和留校也都是我自己的事,用不着你或者你妈操心。"武二郎擦完脸,看了她半天说："你知道我爸是厅长，我的车是保时捷不？"梁志雯把手里的螃蟹扔在桌上："关我啥事啊！"然后她转身就走。

在这个夏天，赵晓理与梁志雯一个收获了恋爱，一个捍卫了尊严，而在下孙婷婷以一种几乎无耻的方式表达了我的爱情却惨遭拒绝，同样是生活在一个寝室里的女大学生，做人的差距"怎么就这么大呢"？

5

后来的两年，我都以为我能喜欢上别的男老师，出乎意料的是，再也没有过了。真奇怪，我并不觉得自己伤心啊，但是就此就好像真的断了对老师们的念想。大四那年，市外办来学校要人，负责面试的居然是我的故人周姐。我的考试成绩和实习记录都很不错,就被外办录取了，成了市外办欧美大洋洲处的一个公务员。相亲两次，没有结果。

不忙碌的日子像走路一样，过得晃晃悠悠的。黄昏或清晨，我自己一个人的时候，半睁半闭着眼睛就会翻看心里面的一本影集，最常看见的一张照片是我大二那年的夏天，细密的雨把学校门口的小街小巷打得湿漉漉的，年轻的韩老师拽着我的胳膊把我抻到铁路医院去，我脸上装作病恹恹的，实则心里窃喜……

又是一年夏天，国际民间文化节由我市政府承办。领导让我去外院请老师，联系为省领导做法语翻译的事情。我带着一种衣锦还乡的激动心情开着公家的车去了母校，却发现学妹们都不会多看我一眼，她们忙碌地学习着、恋爱着，谁有心去看闲杂人等啊。

在法语系那个我盘旋了四年的长长的走廊里，有一间教室的门打开着，一个人在给他的学生们讲口译技巧，我听见一个熟悉的声音在说："要想做一个好的口译员，不仅要有过硬的专业技能，同时开朗随和的性格也是成功交际的重要素质。你们有一个已经毕业的学姐，在国际会议帮忙的时候，只会一个丹麦语单词，还把老外逗得哈哈大笑……"他话没说完，我这颗小心心啊，已经跳得能跟刘翔比跨栏了。我扑到了教室的后窗，赫然看见了韩萧，他还是那么英俊，还是那么帅，他在跟他的学生们讲我的事迹呢。我用手背擦了一下口水，心想会不会他在心里面也有一张照片，有我留在那上面呢？还是古人说得好啊，山不转哪水在转，才子美女总有缘。

两个女孩拎着塑料袋装的冷面从旁边过来，也扒着个窗户偷看了一会儿，然后互相低声地议论："知道不？韩老师还没结婚呢……"

"听说连女朋友都没有呢。"

传说中会说丹麦语的学姐在下我听了心里微微一动（我已经好久没有微微一动了），然后从口袋里面拿出一条墨绿的手绢：幸好今天有远见，估计会狭路相逢，特意带了道具。

啊，又是夏天了……

End

爱的产生玄妙且突然，

也许会发生在一个不经意的清晨，

也许会迸发在某个心灵碰撞的瞬间，

它可以绵长悠远，也可以电光石火，

有种无以名状的情愫，像前世纠葛，像今生夙愿。

在爱的面前，任何言语都显得苍白无力，

此时，你只需放下一切去悉心感受那份内心的悸动，

无须多言。

玄妙之爱

蓝洞

The course of
true love never
did run smooth.
死在自己喜欢的
事情上，
美过庸碌地
存活百年。

article by
吴苏媚

1

………

西蒙在西奈半岛达哈巴经营了一家餐馆。

很难用“经营”这个词，他就是让这家店随风摇摆着，连他自己都是胡乱活着的，每天睡在哪儿，都拿不准。有时睡露台，有时睡厨房，还睡在沙地上——我说，小心，浪会把你卷走。

不怕，我是一条鱼，天生的鱼。

没错，西蒙就是一条鱼，他可以自由潜水下潜三十米，帅呆了。他说年轻时能一口气徒手潜得更深，可是花天酒地，抽太多烟，这些年肺活量已经下降了。

认识西蒙的第一天，他就显现出浪子本色，含着一腔深情凝视着我，用融化人的柔软说，月亮掉在你的眼睛里了，还有你的皮肤，是最好的丝绸，嘴唇就像清晨绽放的花朵，你的脖子……

停！西蒙？你是叫西蒙吧？拜托能不能换一套台词？你这些语录，

全达哈巴的姑娘都会背了!

西蒙咧嘴笑，是的，我叫西蒙，她们都叫我达哈巴情人。

西蒙一头乌黑湿润的长卷发，脸部有着贝都因人的剽悍，肤色黝黑，神情坚毅。甜言蜜语的时候天真得有些无耻，沉默时，却有一种原始的冷峻气息。有些贝都因人至今仍以氏族部落的方式在沙漠里游牧，也有一些接受了现代社会的生活方式，做生意，开吉普车，说一口流利的英语与千奇百怪的游客打交道——即使被现代文明同化的那一部分贝都因人，骨子里仍然流动着远古的声响，他们与自然的沟通方式从未被打断，保留着某种珍贵的直觉。

2

达哈巴有很美的星空。为了这样的星空，我都可以一直住下去，住到天荒地老。

从我所住的旅馆步行到西蒙的餐馆，大概有十五分钟的路程，每一步都宛如天堂。达哈巴就是天堂。来到达哈巴不过数天，我已经有了很多欢欣的秘密，比如清晨所有店铺还没开的时候，惺忪着一双眼，跑到海边，会被无遮无拦的美丽所震撼，大海就像一匹没有边际的蓝布，肆无忌惮地弥漫得到处都是，由于视觉差的缘故，海比岸更高，似乎随时都会倾洒下来。看着这种陡峭的危险，我会有一种热泪盈眶的感觉——兴许某天海啸袭来，这里所有一切都将不复存在。

——我将不复存在。

西蒙的餐馆，是我非常喜欢的地方，随意，野性，没有任何矫饰。我也喜欢这条街上其他的餐馆。左边第三家，晚上华灯遍地，颜色绚烂，因为光线太迷幻，把近海的区域也映照得充满了魔幻色彩。我经常坐在那里，低头看鱼类款摆漫游，有时还会有海龟。左边第四家，苹果味的水烟味道真香啊，五埃镑够一直抽到破晓似的。右边第一家，日本菜做得很正点。右边第二家，音乐最是楚楚动人，兜兜转转，吟唱着悲伤，每次经过，都听得心尖升起悲凉，好像内心纠缠不清的凄楚被悄悄拉出了线头。沿着这条路走下去，在拐弯处，有一些无人的空草屋，那是我最喜爱的地方。

空空的草屋，曾是有人经营的店，不知为什么除了一地沙子什么也没留下，没有流浪狗睡在里面的时候，我就独自坐着，或者索性躺下来。闭上眼睛，听海浪的翻腾。这么躺下去，渐渐地，会有一种自我消亡的感觉，大自然吞噬一切。

大自然终究，吞噬一切。

3

我开始能够分辨街上那些猫猫狗狗细微的不同。达哈巴有全世界最疯狂的黑猫，个个都是身手矫健的强盗，所有的黑猫都有一种天生的无赖，口粮都是从别人碗里抢来的。我已经无数次看到黑猫用闪电般的速度跳上桌子抢东西吃了。在达哈巴吃饭，手里一定要拿把洒水枪，时刻作好与黑猫斗争的准备。即使如此，有一次黑猫还是把我抓伤了，致使我好几天都举着那根受伤的手指跟人痛诉，达哈巴的黑猫有多么野蛮。

这里的很多东西也都是粗糙的，直率的，有着原始野性的。难驯的黑猫，强行兜售手链的一头乱发的贝都因小姑娘，容易被讨价还价激怒的狂暴的服务生……西奈半岛有着独特的性感身躯。你若爱慕它，就会爱上西奈半岛所有的往事，摩西在西奈山聆听来自上帝的十诫，摩西劈开红海，率领六十万以色列人逃出埃及……数次中东战争，西奈半岛几易其手，这个半岛如此之美，以至于连战火的残酷都无法减损它的美。

不过，我最想的，却是在红海学游泳。

游泳一直是我生命中悬而未决的难题，我知道人类都有游泳的本能，从小就在母亲子宫的羊水中慢慢发芽孕育——说自己忘记这项天生的本能，真是惭愧。

我努力去召唤这个本能，换了不同的海域，不同的教练，都迷惘地发现，与本能之间的那点联系，被强大的恐惧感阻隔了。有人说泳池里学比较容易，有人说海里才容易，结果我只证明了，在死海里才是真的容易。

有人说，如果你真想学的话，只要把你丢进大海，就自己挣扎着会了——如果真有人胆敢这么做，我变成厉鬼都不会放过他。

我那么恐惧，只要一下水，就像得了帕金森症似的全身发抖。游泳对我来说，已不仅仅是游泳本身了，而是变成了如何战胜自己的恐惧感。关于这个命题，很难。怕蜘蛛的人，不会因为房间里布满蜘蛛而从此坦然，怕蟑螂的人也不会因为见了一千只蟑螂而免疫。你让他直面恐惧，反而是一遍遍地重温恐惧，放大恐惧。因为他的心里永远在尖叫着“不”。

西蒙同意我的说法。他说，那么让我们来试试说“是”吧。你试试接受这个恐惧，接受恐惧，也就是接受死亡本身。

阳光很烈，西蒙带着我下海。他双手托着我的腰，让我仰面平躺在海面上。阳光火辣辣地炙烤着我的皮肤，闭上眼睛，耳边传来西蒙催眠般的声音——想象自己是一片叶子，漂在海面上，双手伸展开，放松，不要花任何力气，再没有任何事情值得你注意的了，你不在了……

我不在了。

他继续说，你只要漂着，就像一朵白云一样，简简单单地漂着，随便微风把你带去任何地方。海洋就是天空，天空就是海洋。

我感到了一种悬空感，一凛，原来西蒙的手已经离开了我的腰。我立刻就失去了平衡，侧翻入水，猛灌了几口海水后，才被他捞起来。

虽然很生气，可西蒙的方法竟是有用的。反复了数次，我掌握了仰漂的技术。此后，也不再执著于必须要学会游泳了，仅仅漂着就很好，漂着就自由了。慢慢地，再把双手往后挥，也能慢慢地开始仰游了。

西蒙嘲笑我，就像你喜欢吃单面煎荷包蛋一样，只要翻个身，就不行了。

他想了想，又对我说，如果翻身的话，就赶紧闭气啊，只要闭住气，身体就会自动漂浮起来。

这样就不会淹死了吗？

这样能多活几秒，西蒙笑。

4

………

西蒙开始带我去浮潜。起先我们坐玻璃船出海，透过那层厚厚的玻璃，俯看海里的那些生物，我惊讶地看着五彩斑斓的鱼，像小时候转动万花筒一样。西蒙帮我戴上浮潜面罩，调整好呼吸管，我穿着黄色救生衣，抖抖索索地下了水，双手紧紧攥住栏杆，把头埋了一点点小心地伸进海。轰一下，脑门被炸开了，整片红海浩浩荡荡地涌了进来，我失去了大脑。

不知道什么时候，我被这种具有强大颠覆的美震撼得神经错乱，目眩神迷。冰凉的海水，用一种空灵的蓝，重新梳理了我对世界的感官认知。这个美丽新世界一片沉默，充满着空荡荡的美。是的，周围有美丽的珊瑚礁，浮游的各色鱼类，可是，它仍然是空的，无处不在的水，是一种强烈的虚无感。虚无就是自由，自由就是你游着游着，看着看着，忽然知道，自己也是一尾鱼。你和海里的其他生物是一样的，你恢复了与大自然沟通的直觉。你回到了故乡。

从前，你不知道自己是一尾鱼。你在岸上的种种思念，都有了古老的原因。自然如此之美，值得为此以身相许，弟弟大概也是这样想的吧。

我终于看到海底世界，终于知道了弟弟深深迷恋的是什么，他22岁那年停止呼吸之前看到了什么。

弟弟喜欢潜水，和达哈巴所有的神经病一样，人生最重要的事情就是下沉下沉，不断地下沉。以前我一直不能原谅他，死在这么不值得的事情上，让全家人那么伤心。可当我看到了红海的样子后，我原谅他了。

他死的时候一定不孤独，他是带着极大的快乐死去的。他总是说，每次潜水，都找不到理由重回人间——我一度怀疑他是自杀的，那么无情无义地抛下所有爱他的人，怎么可以？太自私了。确实有比生命本身重要的东西，可以感知，可以成为它的一部分，但语言的表述是艰难的，因为那种来自自然本身的力量是沉默的。海洋，是沉默的。所有迷恋海底的人，都放弃了语言。偶尔的交谈，用简洁的手势。我终于了解了弟弟的人生，他并非死在不值得的事情上，他死在了天堂深处。

死在自己喜欢的事情上，美过庸碌地存活百年。

我对于水的恐惧不治而愈，对美的臣服超越了对死亡的恐惧。我摆脱了救生衣的束缚，拉着西蒙的手去浮潜。他带我去拉古娜和伊拉花园，我喜欢伊拉花园，海底安静生长的美丽花园，有着七彩珊瑚礁。我最喜欢跟在那些穿黑色潜水衣的人后面看气泡，他们的氧气瓶总是冒出一串串美丽的气泡，像梦一样，阳光折射入海，欢欣地照耀着那些速生速死的泡泡。我不由得伸出手想要摘取。一伸手，它们就不见了，消失在手指间。我也会伸手去亲近那些大大小小的鱼，叫不出它们的名字，也不需要名字。它们从来不会让我摸到，灵动地游向更幽蓝的所在。海底世界，没有语言，也没有思想。这里只有美，只有宁静，你除了成为它本身，没有其他选择。

我还学会了翻跟斗，抓着西蒙的手，轻轻地腾跃自己的身体，我从来不知道，身体可以这样轻盈，轻盈到了一种随时可以消失的感觉。迷恋潜水的人，都会被这种消失感所吸引吧。

5

………

为什么不带我去蓝洞呢？有一天我问，别人都说蓝洞才是达哈巴最美的海域。

西蒙淡淡地说，我已经厌倦蓝洞了。

我有好几天没有去找西蒙，自己在水深半米的地方无聊地漂着，半米，刚刚好，害怕的时候就双手碰触海底的沙子，直起身体来。

那天下午，我的脚被海胆蜇伤了，一种尖锐的疼意从脚底腾腾升起，右脚大拇指布满了恐怖的小黑点。我一屁股坐在沙滩上，咬牙忍痛。想了会儿，眼泪汪汪的，一蹦一跳地跳往西蒙的餐馆。足有数百米之远，我一路用左脚跳过去。路边的埃及人都看乐了，我也没有解释，一心一意地朝西蒙跳去。

西蒙立刻去厨房拿了两只柠檬，把柠檬汁重重涂在受伤的部位，边抹边骂，笨蛋，叫你不要在水浅的地方玩，到现在都不会游泳！被海胆蜇了还不知道怎么急救处理。

我伸手摸了摸西蒙的头发，又黑又浓又亮，怎么保养的？

他抬起头，莫名其妙地看着我。

我所住的旅馆，老板侯赛因也是贝都因人，总是穿着传统的白色长袍，戴着黑色发圈和头巾，像刚刚从沙漠里走出来似的，让我想起《阿拉伯的劳伦斯》。侯赛因喜欢在天台喝茶抽烟。天台能够看到附近清真寺的宣礼塔，还有远处的山坡，以及那一抹永恒的抹不去的红海。夕阳西下的时候，微风拂起，我站在旅馆天台上，都会痴看很久。

侯赛因经常讲起达哈巴的各种传奇故事，比如有一年鲨鱼突然游到近海，探出头来，绕着一群潜水爱好者打了几个转。有许多俄罗斯女人长期住在西奈，俄罗斯国内男少女多，大量找不到丈夫的女人成了单亲妈妈，把孩子生在了这里。那个五岁的小男孩叫吉米的，至今都不知道乐队里哪一个家伙才是他的亲生爸爸，他妈妈非常漂亮，而且勇猛，是专业的潜水教练。蓝洞杀死了许多人，每年都有很厉害的潜水客葬身深海，那里埋葬着他们的墓碑，包括西蒙的未婚妻。

6

回约旦安曼前，我去见了西蒙一次。他很忙，我躺在沙发上睡着了。等我醒过来，他正在和另一个姑娘聊天。我看了一会儿，起身离开了。他朝我挥挥手，目送我离开。

我们什么话也没有说。

我在安曼继续工作了半年，任职的这家公司一腔雄心，却败得一塌糊涂。老总在国内曾经很成功，拿着毕生打拼攒下来的三千万，想来中东捞金，却面临着破产的结局。他的三千万一不小心就卷进了黑洞，完全看不到扳局的可能。每次在食堂见到他，看着他一头白发的样子都很不忍，觉得对不起他给的高薪。

我重新找了一份工作，在埃及开罗，是一家新加坡的公司。本来我可以直接飞往开罗赴职的，犹豫再三，仍然选择了船行。

西蒙的餐馆完全没有任何改动，他本人也和半年前一样，懒洋洋地斜躺着，穿着简简单单的T恤，神情冷淡而骄傲。看到我的那瞬间，也没有半丝激动，似乎中间没有隔了半年时间，似乎他早就知道我会回来。

听说你最近出了不少事？我问。

西蒙笑，差一点结婚了，差一点死了，差一点去了英国。人生总是差那么一点点。

又爱上什么人了吗？

像我这样的人，我这样的年纪，爱情已经没有什么所谓了。西蒙把头抬了抬，他四十岁上下的样子，古铜色的肌肤，其实他知道的，对于女人来说，他仍然充满着魅力。

你呢？他简简单单地问。

辞掉了约旦的工作，要去开罗了，那个机会还不错。在开罗工作，一直是我的梦想。你知道的，我喜欢《阿拉伯的劳伦斯》，也喜欢尼罗河，听说开罗有不少赌场，我以前认识一个黎巴嫩人，他在开罗押了两次“29”这个数字，一夜赢了五千美金。狗屎运这种事情，真的很神奇。开罗本身就很神奇。

我比较喜欢亚历山大，西蒙慢悠悠地说。每年春天，我都会去亚历山大，坐在街上，嗯，看着地中海，抽一下午水烟。

好，将来有机会，我也去亚历山大看一看。

他瞄了我一眼，你到底还是没有学会游泳。

不，你说得不对。我笑着说，我会游泳，我只是忘记了。总有一天，我会重新想起来的。

去开罗后，记得去固丽宫看苏菲舞。

好。

你还住在侯赛因的旅馆吗？

没有，我是空手来达哈巴的，行李已经全部寄到开罗去了。

隔了半晌，他突然说，我带你去蓝洞吧。

7

………

这是我第一次来蓝洞。站在岸边，看着这片广阔的深沉的蓝，这里是所有潜水客的天堂，生者的天堂，也是死者的天堂。深不可测的蓝，让人有一种纵身跃入的冲动。

自然如此之美，值得为此以身相许。

四周一片寂寥，天地之间，只剩下了我们的呼吸声。

对于不会游泳的人来说，在蓝洞浮潜可是有点危险的啊，西蒙说。

你不会让我死掉的，我接过面罩。

下海之前，他突然回过头问我，你从什么时候知道我喜欢你的？

从你愿意为我煎单面荷包蛋开始。我总是想，如果对方和我吃荷包蛋的方式不一样，就一定不能在一起。必须要吃单面煎的荷包蛋，蛋黄是流动液体状的才行。你起先总是煎双面的，后来，你改变了煎蛋的方式。我就想啊，这个人一定非常喜欢我。

可你仍然离开了达哈巴？

因为，你以前不肯带我来蓝洞，我一直在等。

跟我来，你将看到全世界最美的蓝色。

……End……

有人说，
至深的爱会在轮回里被镌刻在记忆中，
延续到下一世。
可有那样一个人，
让你深爱到愿意在轮回中等待，
穿越生生世世，
只为能再次看到曾令你悸动的面庞和那熟悉的眼神。

永世之爱

追寻七百年的爱恋

I have searched a thousand years,
and I have cried a thousand tears.
I found everything I need.
You are everything
to me.
你是否愿意陪你爱的人
看一场枫叶雨，
以获得永世之爱。

article by
梦三生

Chapter 01

神秘的转校生

在C市郊区，有一所有着百年历史的私立学园，这所学园有着许多奇怪的规矩。有传言说，它是建立在某个古代宫殿的遗址之上，并且常有幽灵出没，但这些并不妨碍这所学园成为C市最受欢迎的学园。

这是一个以学费昂贵和环境优美而闻名的贵族式私立学校，它有一个与之十分相得益彰的名字，叫做红叶学园。

……因为学校里有一片枫林，每到秋天，那层层叠叠的红叶，远看似火,美得凄艳。之所以说“远看”,是因为枫林是赫连夜的私人领地，外人一概不得擅入……包括学校的老师。

说到赫连夜，如果说红叶学园是一个王国，那么赫连夜无疑就是这个王国里最尊贵的王子殿下。

这个规矩一直无人敢打破，直到某一天……学校来了一个转校生。

她不但闯进了枫林，而且她闯进枫林的理由……是为了递情书。

事情是这样发生的——

那一天也算得上是风和日丽，几个女生坐在学校林荫道旁的露天茶座里喝下午茶。

“哎，听说了没有，三年一班来了一个神神秘秘的转校生。”

“嗯，听说她叫赫连红叶。”

“赫连？跟王子殿下同姓呢！莫非……”说起王子殿下，几个女生开始做花痴状。

“抱歉，请问赫连夜现在何处？”一个细细的声音夹杂了进来，用词稍显奇怪。

几个女生诧异地回头，看向那个打听王子殿下的人。

长长的黑色针织外套让她显得十分纤瘦，头发也很长，一直垂到腰间，厚厚的刘海儿几乎盖住了眼睛，她就那样安静地站在路边，看起来是个十分不起眼的女生。

只是看她一身廉价的装扮，究竟是怎么混进学校的？

“你是？”

“我是新来的转校生赫连红叶。”她这样自我介绍。

茶座里的女生面面相觑，这就是传说中的转校生的庐山真面目吗？

“这个时候，他应该在枫林。”当中一个女生忽而微笑着道，引来她身旁女生的诧异目光。

“多谢。”她轻声道谢，仍是怪怪的用词。

看着她转身离开，短发的女生忍不住担忧道：“枫林是王子殿下的私人领地，从来不允许别人进去的，上一次新来的老师不小心闯了进去，结果第二天就被辞退了……”

“哼，那样不自量力的人，就该让她尝尝苦头。”低头小小地抿一口奶茶，那女生掩唇轻笑。

赫连红叶依言跑进枫林，果然看到一个穿着黑色风衣的少年正倚树而坐。他微微屈起一条腿，左手放在膝上，掌心向上，不时有红色的枫叶飘下，落入他的掌中。

他微微仰着头，神情很专注，像是在看着落叶飘下，但黑色的瞳仁里又分明什么都没有，仿佛正透过那些火红的枫叶看向虚空里的某个人。

他的侧面轮廓近乎完美。

似乎是感觉到了身边的动静，黑衣的少年转过头来。

“叮当……”随着他转头的动作，发出一声极清脆悦耳的声音，他的脖子上系着一个银制的铃，声音正是从那银铃上发出的。

看清他的容貌后，赫连红叶愣了一下，那是一个极其漂亮的少年。不过这并不是她发愣的原因，她愣住是因为他的眼神，那是一种充满惊喜的眼神，仿佛沙漠中的旅人看见了绿洲，仿佛溺水的人攀住了最后一根浮木，仿佛等待了几生几世的人终于出现在他的眼前……

可是在看清赫连红叶的样子之后，那满载着惊喜的眼神迅速消失，黑色的瞳仁里只剩下阴霾。

“你是谁？”薄唇轻启，他问，用一种极为阴寒的语调。

“我……”她张了张口，看着他脖子上的银铃。

“你来这里干什么？”没有等她开口，他又道。

“我……”她觉得那银铃有几分熟悉。

“你不知道这里是禁地吗？”

赫连红叶摇头，终于从那银铃上移开视线，问他：“你是赫连夜吗？”

他挑了挑眉，默认。

赫连红叶轻吁了一口气，将手中那枚粉红色的卡片递给他：“这是……”

十分明显，眼前这个与学校氛围格格不入的寒酸少女手里拿着的，是一封情书。

他伸手接过，放入衣袋中，淡淡地吐出一个字："滚。"

赫连红叶看他一眼，黑色的圆头皮靴踩着片片如火的落叶，转身慢吞吞地离开了枫林。

第二天，学校的公告栏里出现了一封情书，是一封写给赫连夜的情书，落款"赫连红叶"，内容极尽肉麻之能事，活活能将人酥掉三层皮。

整个红叶学园轰动了，因为"赫连"这个姓，而且名字也与校名相同，这些巧合曾经令人无限遐想，这个看似不起眼的寒酸少女是不是有什么了不得的大背景。

某富豪家的千金？某官员家的小姐？还是赫连家的亲戚？

而这些猜测在这封情书被贴上学校的公告栏后通通被推翻，赫连红叶，就是一个掉进凤凰窝的小土鸡，而且还是一只想爬上枝头当凤凰并且惨遭失败的小土鸡。

"哈哈哈，笑死人了，就她那副尊容还想对王子殿下献殷勤……"

"听说她还闯进了王子殿下的枫林呢！"

"啊啊？真是太没有分寸了，王子殿下居然没有把她赶出学校！"

"太没有自知之明了，要我说啊，能够配得上王子殿下的，也只有颜蝶小姐了……"

赫连红叶安静地站在他们身后看着，那封信分明是后座的柳甜请求她帮忙转交的，为何署名会变成她的名字？多么蹩脚的手段，那样的小小心计，比起那时候的宫廷倾轧简直浅薄得可笑。

宫廷倾轧？赫连红叶皱眉，为何她的脑海里会出现这样的词语？

"叮当……"随风轻轻响起的铃铛声吸引了所有人的视线，那些正围着公告栏里的情书或愤愤不平，或嬉笑讨论的同学们纷纷看向声音的来处。

图书馆前的阶梯，一双璧人正拾阶而下。声音的来处，正是赫连夜脖子上的银铃。在赫连夜的身旁，是一个穿着白色淑女裙的少女，瓷白的脸，金色的卷发，她正侧着头，微微仰着脸，乖巧地微笑着，在对赫连夜说着什么。

赫连夜垂着眼帘，淡淡地点头。

“啊！是颜蝶小姐……”有人轻呼，发出赞叹的声音。

“果然只有颜蝶小姐才是最适合站在王子殿下身边的人啊！”

颜蝶小姐？站在人群之后的赫连红叶觉得那张精致至极的脸有点眼熟。

仿佛感觉到众多灼热而疯狂的视线，赫连夜缓缓抬起眸子看了过来，他的视线从人群间一扫而过，落在赫连红叶身上，然后又垂下眼帘，继续听颜蝶讲话。

而赫连红叶，因为情书事件成为了全校的公敌和笑柄。一下课，她就被几个女生围住了，她回头看了一眼柳甜，柳甜正笑嘻嘻地和另一个男生打闹，看都没有看她一眼。

“请让一下，我还有事。”赫连红叶低了头，轻轻说。

“哈？你居然敢抢颜蝶小姐的王子殿下，就凭你这副尊容？！”

“给她一点颜色看看，让她长些教训！”

她们呼喝着去拉扯她。

“我说，请让一下。”赫连红叶抿了抿唇，微微抬头，看向她们。

只一眼，她们竟然愣在原地无法动弹，在厚厚的刘海儿下，那是一双寒潭般的眼睛，黑得望不见底。

拎了书包，赫连红叶径自越过她们，走出了教室。

直到赫连红叶走出教室，那些女生才回过神来。

“刚刚发生什么事了？”

“你们……有没有看到她的眼睛……好可怕……”

“是错觉吧，错觉……”

然而刚走出教室没几步，她又被几个男生拦了下来，纵她再好的性子也被磨出一点脾气来了。赫连红叶微微皱了皱眉，左手动了动。

“你们在干什么？”一个轻柔的声音制止了男生的无礼。

赫连红叶顺势将左手插入衣袋中，看向声音的主人，正是之前站在赫连夜身边的那个瓷娃娃一般的少女。

颜蝶。

赫连红叶看着她。

……那张脸，果然很是眼熟。

“别担心，公告栏上的情书我已经撕了下来。”她微笑着道，声音轻巧动人，“阿夜其实不坏的，只是……”

连声音也很耳熟。

“嗯，多谢。”不知为何，赫连红叶已经没有了听下去的欲望，于是她轻声道谢，阻止了她的话。

“我叫颜蝶。”她伸手。

赫连红叶犹豫了一下，还是伸出手握住了她的手，她的手细腻而柔软，只是……

赫连红叶眉头微微一动，厚厚的刘海儿挡住了她的情绪，她看了颜蝶一眼，不动声色地收回手去，转身回教室。

颜……蝶吗？

呵呵，我的偶人，总算找到你了。

你以为你的小动作可以天衣无缝吗？

在这世上存在了七百年，怎么还是这样天真。

转身的瞬间，赫连红叶微微弯了弯唇。

安安稳稳地回到教室坐下，赫连红叶心情颇好，真是踏破铁鞋无觅处，得来全不费工夫，她打算找的东西，竟然自己送上门来了。

正想着，教室外面忽然传来一阵大呼小叫。

“啊！王子殿下！”

“王子殿下来了……”

赫连红叶淡淡地瞥了一眼教室门口，还没来得及收回视线，便见赫连夜从门口走了进来，脖子上的银铃随着他略显急促的脚步不停地“叮当”作响，仍是一身黑色的风衣，半长的碎发。不知道是不是她的错觉，在阳光的反射下，她竟然觉得他的左眼是金色的，再细看，分明还是黑色的。

就在赫连红叶思考他眼睛的颜色时，赫连夜已经大走到她面前。

赫连红叶连忙低下头，不打算理他。多一事不如少一事，况且此人着实没有风度，虽然那情书并非真的由她所赠，但就算是真的有女子送他情书，他又岂能这样大剌剌地公之于众？要是换作在七百年前，那女子肯定会羞愤自尽，岂不是害了一条人命，简直可恶至极。

“你叫什么名字？”赫连夜的声音在头顶响起。

认定他是来找碴儿的，赫连红叶便懒得理他。

“你的名字……是赫连红叶吗？”他问，声音竟然微微有些颤抖，尤其在念出“赫连红叶”这个名字的时候，仿佛带了某种极力压抑却仍不能自制的情感。

“那封署着‘赫连红叶’姓名的情书已被贴上公告栏，你仍不清楚我姓甚名谁？”赫连红叶开口，声音极轻极淡。

“不是我。”赫连夜急急地道。

察觉出他的怪异，赫连红叶稍稍抬起头看了他一眼。

“那封情书我放在抽屉中不见了，不是我贴在公告栏的。”赫连夜有些急切地弯下腰，看着她道。

赫连红叶微微皱眉，他这是怎么了？在她还在疑惑的时候，在周围的一片惊呼中，一双温暖的大手忽然抚上了她冰凉的脸颊。

不管周围同学的惊呼声，赫连夜左手微抬，小心翼翼地拨开她额前的厚厚的刘海儿，露出一双灿如星子的眼睛。

他的心微微一震，但她的眉心处……是一片光滑如瓷的肌肤，没有他要找的东西，于是他的眼神迅速黯淡了下来。

不是她……

眼里的光芒迅速消退，只剩下黯然，他垂下手，不再看她。

“换名字，或者退学。”他说。

他无法容忍有人用跟她一样的名字。

赫连红叶微微一愣，这人竟是如此的喜怒无常，随即又释然，娇生惯养的公子，定是习惯了如此横行霸道的。

只是名字……怎么能改?

因为，她只剩下名字了。如果不是赫连红叶，她就什么都不是了。

随着赫连夜的离开，周围同学的讥讽声也渐渐涌入耳中，大约因为刚刚王子殿下尊贵的手触碰了她的脸，所以那些讥讽声尤为刺耳。

可是赫连红叶始终定定地坐着，不动如钟，仿佛外界的一切都声音都入不了她的耳。其实如果细看，就会发现那样的坐姿，是庄重而优雅的。

……那是长年累月养成的良好修养，已经成为了习惯。

窗外，有一双眼睛冷冷地注视着刚刚发生一切，那是一双死气沉沉的，属于木偶的眼睛，令人不寒而栗。

直到那双眼睛消失，赫连红叶才动了一下，她缓缓侧头，看向窗外，嘴角勾起淡淡的笑。

呵呵，雕虫小技。

Chapter 02

黑猫阿夜

明月当空，夜风吹过枫林，带着丝丝凉意。

赫连红叶现在所坐的地方，正是被红叶学园全体师生视作禁区的枫林，她闭着眼睛，惬意地坐在树下。

这里有一种熟悉的味道，仿佛穿越了七百年的时间，让她感觉无比——愉悦。

是的，愉悦。

半个月前，几个盗墓者光顾了万名山一个未知名的皇陵，把她放了出来。

那些人看到她从黄金棺中坐起来时，因极度恐惧而显得有些可笑的扭曲神情至今想来，都令她忍俊不禁。

曾几何时，她似乎也曾被万人景仰，只是再一次醒来，她这沉睡了七百年的巫女，已经等同于妖怪了。

想到这里，赫连红叶低下头，又哧哧地笑了起来。

七百年的时间不算短，很多事其实她已经记不太清楚了，不过她知道她在找某一件东西。

对，是一件东西，不是一个人。

为此，她一直在寻觅着，而红叶学园里有她熟悉的味道，于是她来了。

……在看到那个叫颜蝶的少女之后，她知道她的决定是正确的。

因为，她找到了她想要找的东西。

颜蝶，是她的偶人。

“叮当……”夜风中，忽然有清脆的铃声响起。

赫连红叶漫不经心地侧过头，枫林里并没有其他人，只有一只全身漆黑的猫，正站在她旁边不远处。

夜色中，那一双眼睛尤其引人注意，左眼金色，右眼黑色。

它的脖子上，系着一个银铃，赫连红叶记得，那个不可一世嚣张至极的王子殿下脖子上也系着一个同样的铃铛。

她眯了眯眼睛，笑了起来，对着那黑猫招招手。

夜风撩起她的长发，露出白皙的脸颊，她不知道月色下的自己看起来有多魔魅，黑猫仿佛受了她的蛊惑一般，翘着长长的尾巴，踏着满地的红叶，脚步轻盈地走到她身边。

“好乖。”她伸手抱起黑猫，用冰凉的手掌轻轻地抚摩它光滑黑亮的皮毛。

黑猫歪了歪脑袋，也没有挣扎，只是定定地看着她。

她的指尖轻触它颈上系着的银铃，银铃便发出一连串的声响，那声音清冽而悠长，她不禁出了神。

记忆里，似乎也有这样的声音。

“阿夜。”她张了张口，吐出一个名字。

那只黑猫猛地僵住，它看着她，那一金一黄的眼睛几乎放出光来。

赫连红叶觉得它的神情十分奇怪，她看着它的眼睛，那样的眼神，与那日在枫林时赫连夜的一模一样。

……也许是有点不同的，不是纯粹的惊喜，还带着某种战栗，因为害怕希望落空而在轻轻地战栗。

心底仿佛有什么东西被那样的眼神触动，她笑了起来，摸了摸它的脑袋：“你喜欢这个名字吗？”

它抖了抖毛茸茸的耳朵，将脸在她冰凉的掌心里蹭了蹭，带着某种依恋的味道。

“呵呵。”赫连红叶轻笑出声，轻轻放下它，拍了拍沾在身上的草叶站起身。

黑猫伸出一只爪子，扒住她的靴子不肯放。

赫连红叶回头看了它一眼，有些无奈地道：“我得回去了，天快亮了，被那个跋扈的王子殿下看到我在这里，估计又得惹麻烦。”

黑猫有点心虚地松开爪子。

赫连红叶蹲下身，用食指挠了挠它毛茸茸的脖颈，引得银铃轻响，末了，又拍拍它的脑袋，笑道：“明天再来看你。”说着，便站起身离开了枫林。

赫连红叶没有看到，她的身后，那一只黑猫的身子一点一点拔长，直至幻化成人形的模样，是那个黑衣的少年。

赫连夜。

赫连夜看着那个少女的背影，用一种痴迷的眼神。

是您吗？殿下。

虽然模样变了，可是她的身上却有着熟悉的味道，她记得他是她的……阿夜。

殿下，您可知……阿夜找了您七百年。

赫连红叶走进教室的时候，发现教室里已经没有了她的位置，课桌椅带着她的书包一起失踪了。

老师在黑板上“刷刷刷”奋笔疾书，同学们都目不斜视，赫连红叶开始怀疑自己是不是修成了隐身术，所以成了隐形人。

“喂，怎么会有那样不知趣的人哪。”下了课，看到赫连红叶还杵在教室里，终于有人忍不住开口了。

被封印在陵寝的七百年间，赫连红叶无一刻不在想念着人世，可是当她醒来的时候，一切却都已经变得面目全非。

看着眼前的一切，她忽然觉得有点厌倦。

颜蝶是她的偶人，她确定。可是她找到了，那又怎么样呢？她到底想做什么她却已经记不清了。

不如回陵寝继续睡觉好了。

嗯，带上昨天晚上见到的那只猫一起。

赫连红叶这样想。

但这样的念头只是一闪而过，她的眉心便开始疼，火灼一般的疼，有什么东西要从中汹涌而出一般。

她抬手抚额，微微皱眉。

“叮当……”清脆的铃声在空气中敲响。

周围的嘈杂声戛然而止，赫连红叶抬头，看到一双幽黑的眼睛，是赫连夜。

“我不会改名。”赫连红叶看着他，淡淡地道，带着戒备。

“好。”他应。

“也不会离开。”眯了眯眼睛，她又道。

“好。”他还是应。

赫连红叶有些诧异，这位王子殿下今日吃错了药吗？这样好讲话。

“等我处理了一些事情之后自会离开。”想了想，她补充了一句，以示诚意。

他的脸色却是一下子变了。

“你要去哪里？”他上前一步，伸手握住她的肩。

她有些不悦地后退一步，推开他：“等事情处理好再说吧。”

教室里鸦雀无声，满教室的同学都瞠目结舌，满脸呆滞。他们怎么也想不通他们尊贵的王子殿下为什么要对这样的一个小土鸡和颜悦色，还放低姿态。

而这只小土鸡……又凭什么这样骄傲，对王子殿下不屑一顾？

感觉窗外有道白影闪过，赫连红叶推开赫连夜快步冲出教室，追了上去。随着那道白影越走越远，一直追出了红叶学园。

追丢了。

赫连红叶皱眉。

赫连夜也跟着追出了红叶学园，刚追出校门，便见赫连红叶双手插在衣袋里，低头慢吞吞地往回走，似乎在想什么。

秋风瑟瑟，红叶学园大门口排了长长的车队，一眼望去，各色名牌轿车不胜枚举。远远地，那一抹纤细的身影慢慢走来，在这华丽的车队中显得格格不入。

那样的姿态分明是她，不会有错。

赫连夜几乎可以肯定了。

“请问……你看到有什么从这边经过吗？”敲了敲一辆轿车的车窗，她问。

司机不耐烦地摇下车窗：“没有。”

“谢谢。”她道了谢，继续慢慢地走。

赫连夜走到她身边：“怎么了？”

“见鬼了。”她抬头看了他一眼，咧了咧嘴，阴森森地道。

赫连夜怔了一下，随即轻笑，伸手抚了抚她的脑袋。

赫连红叶呆呆地看着他，虽然记忆的片段零零碎碎，可是似乎记忆里也有某个人……这样地揉她的脑袋。

“你……”她看了他脖子上的银铃一眼，舔了舔唇，忽然问，“有养猫吗？”

赫连夜弯唇不语。

她也不再讲话，两个人肩并肩慢悠悠地走进了红叶学园的大门。

听到上课的铃声响起，赫连红叶下意识地不想进教室。

赫连夜却是忽然执起她的手，赫连红叶愣了一下，抬头看他，他对她微微一笑：“别怕。”

赫连红叶忽然觉得眼前这个人也不是那么惹人讨厌。

“我会执着您的手，替您扫除一切障碍。”走上楼梯的时候，赫连夜忽然看着她，说。

明明是一句很奇怪的话，可是赫连红叶却愣了一下，低头看向那只紧紧握着她的大手，握得很紧。

很熟悉的一句话，曾经……有谁这样对她讲过？

看到赫连夜牵着赫连红叶走进教室的时候，全班同学都傻了。

当天下午，赫连夜便转了班，和赫连红叶成了同桌。

于是，全校同学都傻了。

他们想破脑壳也想不明白，为什么王子殿下会舍弃美丽的颜蝶小姐，而选择那只小土鸡，只要有眼睛人的都会明白明明是颜蝶小姐比较好啊！

果然王子的品味都是异于常人的吗？

这是一节历史课，胖乎乎的历史老师在讲台上讲得唾沫横飞：“从中国史书记载的第一个朝代夏朝说起，之后是商……”

“那北莽呢？”赫连红叶忽然出声。

“胡闹，根本没有……”老师的声音在对上赫连夜森冷的视线后消失无踪。

“没有吗？”赫连红叶好像有点失望。

“有的，只是湮没于历史之中了而已。”赫连夜说。

“呃……”老师和同学一起抹汗，真的有那个朝代吗？

赫连红叶转头看向自己的新同桌，觉得有点不可思议，莫非他知道什么？

赫连夜却只是微微一笑，什么都没有说。

教室里忽然安静了下来，赫连夜察觉到什么，转头看向教室门口，颜蝶正站在那里看着他们，颜色如雪。

入了夜，赫连红叶如约去了枫林。

是的，如约。

与一只猫的约定。

月亮似银盘一般高高挂在天上，她走进枫林的时候，那只黑猫已经老老实实地坐在昨天她坐的地方了。

赫连红叶高兴起来，大步走了过去，脚下的落叶被踩得沙沙作响。

“喵——”黑猫站起身，走到她的脚边蹭了蹭，很乖的样子。

她弯腰抱起它，挠它的脖子：“你可真准时呀。”

黑猫舒服地眯着一金一黑的眸子，喉间发出“咕噜噜”的声音，憨态可掬。

月色下的枫林尤其美，赫连红叶抱着黑猫倚着一株枫树坐下：“阿夜，你知道吗，在我的国家，有比这更美的枫林，那是一种庄严的美，每到秋天，漫山红遍，层林尽染……”她仰头望着黑色的天幕，星眸半眯，“那是我的家乡，枫之国——北莽王朝。”

黑猫阿夜静静地看着她，幽深的眼瞳里带了某种看不透的神采。

“可是我好像睡了太久，醒来的时候……什么都变了。”她的神色落寞了下来，“我找不到回家的路了。”

夜风吹过枫林，“沙沙”作响，成百上千的枫叶随风飘落。

赫连红叶静静地看着那些枫叶落下，黑猫安静地蜷在她怀里，一金一黄的眼瞳认真地望着那漫天的落叶。

有成百上千了吧？

它想。

那是不是可以永世不用分开了？

真好。

终是盼到了这一日，与她共赏这漫天的枫叶飘落，从此不必再孤寂。

七百年，似乎也不算久了。

正想着，它两只前爪忽然被一双冰凉白皙的手握住了。

赫连红叶两手抱起它，与它对视。

瞪。

大眼瞪小眼。

继续瞪。

黑猫被她看出一身冷汗，正欲挣扎的时候，她的身子忽然微微前倾，低下头……

她她她……她吻了它！

黑猫猛地僵住，然后，就在下一秒，“咻”地一下化为人形，是个漂亮的黑衣少年。

赫连红叶哪里料到对一只黑猫表示一下好感也会惹来这样的状况，两只手再也抱不住他，任他整个人扑在自己身上，双双跌入满地的落叶中。

狼狈不堪地扑倒在她身上，赫连夜勉强撑起身子，对上一双惊诧的眼睛，他略带尴尬地轻咳了一下，站起身，单膝跪下:“殿下，冒犯了。”

赫连红叶仍然呆呆地躺在地上，在回想刚刚发生的事情。

……那么熟悉。

他站起身，握着她的手，将她扶了起来，然后单膝着地，低头，轻轻吻上她的左手。

“殿下，我是您的阿夜。”他仰着，看着她，轻声道。

眉心微痛，她抬起右手，捂住眉心处。

那些记忆一瞬间如潮水般涌来……

她本是北莽王朝最尊贵的公主，却因为巫师的预言而不被宠爱。六岁那年，母后过世，更是坐实了“不祥”的预言。

直到……那一日。

大兴二十一年秋，她在后山的枫林里捡到一只濒死的黑猫，寂寞的小公主悄悄将那只猫藏在外袍中带回了宫殿。

它睁开眼睛的时候，小公主兴奋得直掉眼泪，她几乎以为它活不成了。

它有一双漂亮而奇特的眼睛，左眼金色，右眼黑色。

于是，北莽王朝那最不起眼的小公主有了一个秘密。

她悄悄地，养了一只奇怪的猫。

她的猫，可以幻化为人形，是个漂亮的黑衣少年。

她叫他，阿夜。

他教她修习巫术，他替她挡下无数明刀暗箭。

大兴二十九年，她的父皇驾崩。

那一年，她十七岁，他执着她的手，将她送上皇位。

他说，陛下，别怕。

他说，我会执着您的手，替您扫除一切障碍。

Chapter 03

永世的相守

第二天，红叶学园发生了一件大事。自从王子殿下赫连夜舍弃颜蝶小姐，而选择小土鸡一般的赫连红叶之后，红叶学园又发生了一件绝对的大事件。

王子殿下的枫林被毁了。

整片的枫林被连根拔起，横七竖八地躺倒，根须赤裸裸地暴露在泥土之外，惨不忍睹。

是谁？是谁竟敢将赫连夜视作私人禁地的枫林弄成这般模样？而且……普通的人类怎么可能一夜之间静悄悄地毁掉偌大一片枫林？

一时之间，红叶学园人心惶惶，流言四起，结合之前那些恐怖的流言，有人开始相信是幽灵所为。

同学们都去看热闹了，赫连夜也不在，只是赫连红叶一个人静静地坐在位置上。

门忽然被推开，颜蝶缓缓走了进来。

“是你做的？”赫连红叶连头都没抬。

“为什么这么说？”颜蝶偏了偏脑袋，表情很是无辜。

“有你的味道。”赫连红叶淡淡地道。

“呵呵。”颜蝶轻笑，“七百年了，我都快忘记你的存在了，你为什么要出来？”

“我也在想这个问题。”赫连红叶弯了弯唇，“一直在想，直到昨天晚上，我忽然想起来了。”

“哦？”颜蝶有点好奇的样子。

“我是来毁掉你的。”赫连红叶抬头，眉心处一点血痣鲜艳欲滴。

那是她被封印的记忆，有关黑猫阿夜，有关偶人颜蝶。

颜蝶是阿夜制作的偶人，是阿夜送给她的十六岁生辰礼物。

她咬破指尖，将血滴入颜蝶的眼睛。

可是……在她登基的那天夜里，颜蝶杀了她，夺取了她的灵魂，并且将她封印在万名山，从此永世不得超生。

如果不是盗墓者破坏了封印，那么现在，她依然被困在那个黄金匣子里不得逃脱。

赫连红叶终于记得，她是回来复仇的。

“噬主的偶人，便是妖魔。”赫连红叶轻笑，她站起身，左手出现一柄红底金边的折扇，“你是妖魔，颜蝶。”

扇底的穗子随风而动，黑色的长发随风扬起，露出一张倾国倾城的容颜，恍惚间，她依然是北莽最美丽的公主，最高贵的女皇。

“我爱阿夜，我想要拥有灵魂！噬主有什么不对？”颜蝶红了眼睛，握紧双拳，大声嘶吼。

随着她的吼声，白皙如瓷的下巴两端出现细细的裂缝，那才是她的本来面目。

偶人颜蝶。

“陪伴阿夜七百年的人是我！凭什么你一出现就夺走他！”她尖叫着，面目狰狞。

“你的身体是阿夜造的，你的灵魂是我给的。”赫连红叶微笑，“阿夜纵容的，只是我们曾经相识的见证，并不是你，颜蝶——一个噬了主的妖魔。”

“闭嘴！闭嘴！你闭嘴！”颜蝶痛苦地尖叫起来，她抬起左手，狠狠折下自己的双腿，又折下自己的右手，然后拼命地撕咬着自己，面目扭曲。

十分可怖的场景，赫连红叶始终静静地看着，如一出木偶戏。

最终，颜蝶只剩下一堆碎屑。

“身体还给阿夜，灵魂还给你，我谁也不欠……”只剩下那张支离破碎的面孔，下巴上的两条缝隙一上一下，颜蝶轻轻地说，然后露出一个诡异的笑，“所以……阿夜是我的。”

最终，连那张支离破碎的面孔也化作木屑。

赫连红叶却是微微变了脸色：“你说什么？！”

回答她的只是一室静寂，还有地上一堆木屑。

教室外面传来熙熙攘攘的人声，大概是同学们都回来了，赫连红叶皱了皱眉，冲出了教室。

颜蝶消失前的话令她不安，阿夜会在哪里？

冲出教室的时候，她差点迎面撞上刚回教室的同学，停下脚步，她拉住一个同学：“看到阿夜了吗？”

“没……没有。”被赫连红叶的样子惊到，被拉住的同学忙道。

松开手，赫连红叶直接跑向枫林的方向，枫林里一片狼藉，已经有工人在整理，可是阿夜不在这里。

赫连红叶生平第一次，开始有恐慌的感觉。

七百年的时间，她都在那个黄金匣子里度过，在那之前，有阿夜陪她。

没有阿夜……没有阿夜的话，她该怎么办？

“叮当……叮当……”

正在她惶惶不安的时候，深秋的风送来清脆的铃声，虽然很轻，可是足以让她听到。

她仰头，望向万名山的方向。

是万名山。

他在万名山！

踏上层层雾霭笼罩的万名山，撕开黄金棺上那一个封印了她七百年的符咒，她挥手推开棺盖，一个黑衣的少年正闭目而卧。

那是她的阿夜。

她找到了她的阿夜。

伸手轻轻抚过他颈间的银铃，银铃轻响，一如那时她亲手替他戴上时那样。

她俯下身，吻上他的唇。

她的阿夜就会醒来……

你知道吗，关于枫叶，还有另一个传说——如果在你无意中捡起一片枫叶时，有另一个人恰巧出现在你面前，那么，她就是将要与你共度一生的人。

那个除了赫连夜谁也不曾踏足过的枫林，赫连红叶偏偏闯了进去。

那时赫连夜的手中握着一片枫叶……

也许，连上天都会怜悯这样的情意，所以赐予他幸福。

红叶学园依然静静地坐落在C市的郊区，只是王子殿下随着那片枫林的消失也一并消失了，颜蝶小姐也再没有回来过，连带着那个神秘的转校生也不见了。

也许……这只是一个传说而已。

你，听过这个传说吗？

End

也许，学生时代你最讨厌的人，
曾生气地对他吼道：『离我远点，
我永远都不想见到你！』的那个人，
在未来的某时，却成了你最爱的人。
曾经那个每天在你身边烦着你，缠着你，讨好你的人，
他只是在用自己的方式爱着你。
错过了，便会遗憾终生。

无终之爱

错爱 / 无奈 / 谎言

他带着谦卑的爱意试探你

You are my life.
You're my one
and
only dream.
再说我爱你，
可能，
雨也不会停。

article by
易粉寒

01

并非所有的鸟儿,都需要广阔无垠的天空。宋楠楠终于决定回老家，一个中部的省会。

6年前宋楠楠考上了 sb 市的一所名牌大学，大学毕业后，在 sb 市工作了两年。可是，没有悬念，宋楠楠依旧买不起房，结不起婚，升不了职，人生一事无成。

大城市小生活，还是小城市大生活，这是一个人生观的问题，也是一场理想与现实之间漫长的博弈，更是一场自我认识的重要阶段。宋楠楠终于知道自己的性格并不适合待在大城市。

回家后没几天，就有同学邀请宋楠楠参加同学聚会。同学聚会素来只是发达同学的聚会。可落泊的宋楠楠想：也许能趁这个机会让老同学帮忙介绍一下合适的工作。

于是，不发达的宋楠楠，怀着一种悲壮的心理，参加了同学聚会。

聚会一开始，就有人说：“宋楠楠，你不知道吧，高中的时候你又漂亮又聪明又文静，很多男生都暗恋你。哈哈！现在在何处高就呢？”

听完前半段话，宋楠楠飞向云端，听完最后一句，天使立刻脸朝下摔回大地。要怎么开口说自己在外面的世界混不下去才回来的呢？

就在这时，门被推开了，梁冬屏出现在了门口。他穿着黑色毛衣，看上去比以前瘦了许多。目光相触的一刹那，宋楠楠低下了头。

02

十年时间，可以改变许多。比如，在学校里最优秀的宋楠楠，现在却是个落泊的失业者。而那时，不那么起眼的梁冬屏，却凭着家里的关系，一毕业就进了效益最好的垄断行业，短短几年，一路顺风顺水，升官发财，在同学中收入最高、压力最小，让胸无大志的宋楠楠们羡慕不已。人生图啥？莫说建功立业，那太遥不可及。钱多、活少、离家近，那才是我们凡夫俗子的理想。

1999年，他们这群人刚上高中，是全省最好的重点中学，全校聚集了省内两种学生：学习最好的，家里最有钱或有权的。

宋楠楠是前者，梁冬屏是后者。

灰姑娘的故事永远只是传说。十几岁的宋楠楠，还没有灰姑娘的心机。

梁冬屏追宋楠楠的时候，在学校里闹得很轰动。他很有纨绔子弟的作风，整天堵在宋楠楠教室门口，在宋楠楠的抽屉里塞满玫瑰花和礼物，周末的时候，叫家里接他的司机将车开到校车前，虎视眈眈地看着坐在校车里的宋楠楠，并接受满校车的人各式各样的目光洗礼。

早熟的宋楠楠一直觉得，那时的梁冬屏并非爱慕自己到那样狂热的程度，只是十几岁的少年，有不可压抑的表现欲。她不喜欢梁冬屏，甚至看不起他。他学习那么差，没有理想，整天无所事事，还长得很胖，一点都不帅，又没有才华，既不会唱歌也不会打篮球。除了有个好爸爸，什么都没有。那时的宋楠楠，一心只想着好好学习，将来成为科学家。

1999年12月23日，寒冬的傍晚，放学后，梁冬屏家里的车一直跟着宋楠楠身后开。他跟宋楠楠说了好几次，希望20世纪最后一天，能和宋楠楠一起度过。

“你说话呀，宋楠楠？好不好？”梁冬屏坐在车里一直问一直问，车跟着宋楠楠缓缓开，驶近狭窄的巷子，车身散发的亮光透着一股寒。

宋楠楠背着书包，默默地，一直走一直走。一直走到一个卖红薯的摊子前，停下来了。梁冬屏家里的车也刹住，拦在宋楠楠面前。

宋楠楠放下书包，满脸通红地对守着红薯摊子的男人说：“爸爸，你先回去吃饭，等下再来换我。”

说完，宋楠楠怀着一股怨气恶狠狠地抬头。是他逼自己将贫穷和窘迫全暴露。宋楠楠心里恨恨地想：好了吧，你现在知道了吧，宋楠楠是一个卖红薯的女儿。哪里像你，在中学时期就有闲情逸致谈恋爱。

像梁冬屏那样的少年，是断然想不到世界上还有另一种截然不同的生活境遇的。看到他眼里的惊讶，宋楠楠还不解气，说道：“今年的最后一天，我会去卖气球，一晚上能赚六百呢。没工夫陪你玩。”

梁冬屏黯然地看着宋楠楠，眼神里的轻狂渐渐散去了，一丝酸楚从眼睛里蔓延出来。

就在这时，刚走几步的爸爸忽然调转头，慌张地跟宋楠楠说：“快快，推进去，城管来了！”说着爸爸就冲上前，将那铁皮桶往巷子另一头推。

然而，梁冬屏的车堵在了那里。爸爸烤红薯的铁皮桶推不过去，一转眼，城管已经呼啸而来。

他们掀翻了烤红薯的铁皮桶，争执中，爸爸用手里的铁钳子戳向了一个工作人员的身体……

此刻的宋楠楠，已吓得不知所措，呆呆地站在那里，全身发抖。还只是个少年的梁冬屏也呆在了那里……

任何一场小小的意外都可能毁灭一个贫寒而卑微的家庭。那次意外事件，不仅赔光了宋楠楠家所有值钱的物件，连妈妈的结婚戒指都卖了。爸爸还被拘留了十五天。这已是天地开恩，不幸中的万幸：爸爸当时手里只是一把不尖锐的火钳，而不是一把刀，否则后果不堪设想。

此后的生活更加举步维艰，宋楠楠的大学时代从学费到生活费，都是她自己一分一厘挣来的。

如果不是他那用来显摆的小车一直跟着自己，堵在狭窄的巷子里，一切都不会发生。都怪他！

宋楠楠把梁冬屏写给她的八十多封情书，全部烧掉了。她不仅看不起他，还恨死他了。

十七岁的梁冬屏不敢将此事告诉家人，过了两天不知从哪里弄来了三万元钱，塞到了宋楠楠课桌里。那时的宋楠楠真纯洁得让人心疼，因为对梁冬屏充满了怨恨，她跟钱过不去。她跟他怄气，也跟钱怄气，将那些钱全撒在梁冬屏脸上，恶毒地说："死胖子，我这一辈子，都不会喜欢你！我永远都不会理你！"

梁冬屏万般羞愧，宋楠楠心怀怨恨。至此，两人再没有说过一句话，甚至没有正面相遇过一次。一切还未开始就已愤然结束。

后来宋楠楠去sb市，上大学，工作，为了给自己赚学费和生活费，终日忙碌奔波，十多年里，甚至只回过三次家，自然也无机会再见到梁冬屏。

03

……

那日同学聚会散场后，梁冬屏反复恳求要送宋楠楠。曾说过“我永远都不会理你”的宋楠楠，早已被生活磨去了锐气和怨气，她变得很淡然、很随和，上车后，两人寒暄着，很快到了宋楠楠家门前的小巷子里。巷子依旧有卖红薯的人，身处这个时代，大部分人的生活其实都不会有翻天覆地的变化。

临下车的时候，梁冬屏告诉宋楠楠，他一个叔叔的公司缺一个人，职务还不错，待遇也还可以，问宋楠楠有没有兴趣。

潦倒至此，连曾经发誓永远都不要理的人都可以握手言欢，怎么会对性价比高的工作没兴趣。

宋楠楠隔天便去面试了，很顺利地上班了。有了梁冬屏的关系，宋楠楠本身又聪明勤奋，发了第一个月的工资，居然比在 sb 市工作拿的薪水还高。真是有文凭有能力统统不如有关系。

寒风料峭，宋楠楠拿着第一个月的薪水，决定去商场买一双靴子送给自己。她的鞋子在2008年的大雪灾中磨损了，不保暖，脚指头总是又痛又麻，在 sb 市熬着冻了很久，都没买，只是每天回家扔掉鞋子里的暖宝宝，然后用热水泡脚。

嗯，发了工资，要买一双好靴子。宋楠楠又想，还要买一件毛衣送给梁冬屏，作为礼物表达谢意。她特别喜欢毛衣的柔软和温暖。

明晃晃的商场里，宋楠楠先去看毛衣。她记得，十年前，中学时，梁冬屏就常常炫耀自己的鞋子是两千多一双的。因此犹豫再三，宋楠楠花了近五千元，买了一件男式黑色羊绒毛衣。她想：虽然贵了点，他帮的这个忙，是对得起这个价的，就当还人情。更何况，她真的不愿冒着被看不起的风险，买便宜的礼物送他。

余下的钱要交给妈妈做生活费，宋楠楠很多年没在她身边孝敬她，爸爸去世后妈妈唯一的依靠就是她了。这样，宋楠楠买靴子的预算超支了，只能放弃。

宋楠楠抱着毛衣，一步一回头，经过了那些琳琅满目的鞋子。她安慰自己：等春节吧，春节的时候应该会打对折。

当天晚上，宋楠楠就迫不及待地将毛衣送给了梁冬屏。那放在家里的昂贵毛衣，和妈妈身上穿了十年的旧棉袄形成鲜明的对比，让宋楠楠如坐针毡。

在车上，梁冬屏看到毛衣，很惊讶，看得出来他很高兴。他甚至迫不及待地脱衣服，立刻将毛衣穿在了身上。

“羊绒要贴身穿才好，好面料都是养皮肤，比如真丝和羊绒。”梁冬屏一边说一边一把将上衣脱了个精光。宋楠楠没想到他会赤着上身，一下子没回过神来，目瞪口呆地看着他。

“我是不是瘦了很多？帅了吧？”梁冬屏一边说一边拍自己的肋骨。

“知道我怎么瘦的？就是你说完那句‘死胖子，我永远都不会喜欢你’后，我忽然知道你为什么不喜欢我了，我就发誓要减肥。真瘦下来了！哈哈哈哈！“梁冬屏好像在嘲讽别人似的，一边说一边乐呵呵地笑。

宋楠楠有些窘迫，不知道如何接腔。这时，宋楠楠的目光滑到了他的胸口，那里有三个字母：“S-N-N”。

她好像被什么东西打中了脑袋，一股痛感从后脑勺直奔心窝。

“你的文身……”宋楠楠指着梁冬屏的胸口。

梁冬屏嘴角满不在乎的笑意也淡去了：“你的名字。呵呵。你可能想不到。当年，我有多么，喜欢你。你就像我心中，一个，一个女神。呵呵，你别笑我这样比喻，就是那种感觉。那时我真的愿意为你做任何事，我从来都没有忘记过你……”

梁冬屏的声音越来越低，顿了一会儿，说："算了算了，不说了。喏，烟，你也来一根？"

宋楠楠接过烟，点着了，吸了一口，又呛得咳了几声，咳出了几滴眼泪。

这些年，宋楠楠疲于应付生活，几乎没有用心爱过男人，一直没有谈情说爱的闲心，也可能是性格使然，从不会浓烈地去爱。她好像不知道爱的感觉。因此也从不曾想过：自己会这样被一个人深爱。

梁冬屏不断地说着，零零碎碎的回忆。当初的爱，当初的伤心，那些原本听上去矫情的、煽情的话，放了那么多年，再从一个成年男人嘴里说出，难免唏嘘感慨。

宋楠楠越听越难过，是感激，是委屈，是后悔，是羞愧，是……总之，最后她哭了起来。哭得莫名其妙又控制不住，低着头，拿着烟，嘤嘤地哭出声来了。

梁冬屏俯身，拍着她的背，说："好了，好了，不要难过了。以后，我会照顾你的。"

听到这样的话，宋楠楠哭得更厉害了，躲在他的怀里瑟瑟发抖。这些年，所受的委屈，连一个释放的安稳怀抱都不曾有过，宋楠楠的确是过得太不如意了。她在他的怀抱里，脸贴在那柔软无比的毛衣上，感到了一种前所未有的安全感与温暖。

窗外，雨一直下。他们就这样，在车里，拥在一起。

后来，梁冬屏吻宋楠楠的时候，宋楠楠想：就这样吧。就是他了。知根知底，家境颇丰，生活优越，人也变帅了，最重要的是：他那么爱自己。人生活到快三十，对爱情无奢望，还是平淡的幸福比较靠谱。

他们吻了很久，等到分开的时候，宋楠楠发现自己手里的烟，将梁冬屏的毛衣袖子烫了一个洞。

"哎呀，都快烫到你的手了，你怎么不说呀！"宋楠楠着急又心疼地弹掉烟灰。

“舍不得说，因为舍不得放开你。你心疼了？”梁冬屏笑着充满期待地说。

“哼，才不是呢。我是心疼毛衣，害得我买靴子的钱都没了……”宋楠楠小声娇嗔地嘀咕了句真话，一说完就后悔了。

因为梁冬屏的视线移到了她脚上。她局促而窘迫地把脚并拢，往座位下面藏，她的鞋子实在太旧了，都变形了。

梁冬屏抬起头，转移话题：“没亲够，再来一下……”

那件新的黑色毛衣，宋楠楠将它带回了家。花了一个晚上的时间，将烟烧的洞补好了。袖子上有一个小小的圆点，隐隐地，藏匿得很好。不仔细看，根本看不出来。

这是令宋楠楠自豪的手艺。从小，宋楠楠就会织毛衣，并且织得极好，全家人的毛衣都是她织的。只是在 sb 市的那几年，宋楠楠从来不敢让人知道这个让她自豪的亮点。因为，一个年轻女孩，会熟练地织毛衣，她贫寒且狭小的过去便一览无余。

毛衣还给梁冬屏的时候，梁冬屏也给了宋楠楠一个巨大的惊喜。他指着车后排，说：送给你的礼物。

整整一排的鞋盒子，七双，每一双的 logo 都炫得让宋楠楠睁不开眼，全都是国际一线品牌，她只在 sb 市瞻仰过几次店面。

幸福来得如此突然。宋楠楠绕了一个好大的圈，才发现自己想要的幸福，就在起点那里。曾经梦想过的东西，原来一直在自己手里。

04

通常，来得快的幸福，去得更快。

半个月后，收到钟静的短信时，宋楠楠蒙了，怀疑自己从头到尾在做一场梦。

“宋小姐，我是梁冬屏的未婚妻钟静，明年3月我们就要举行婚礼了。希望你自重，也希望你别浪费时间了，你和梁冬屏是不会有结果的。”

电话打过去，对方很平静地诉说了她和梁冬屏的故事。他们的父亲是战友，两人从小青梅竹马，后来她出国了，回来后门当户对的两个人顺理成章地恋爱、订婚。

那是一个宋楠楠所不了解的社会圈子。她耳朵里响的都是一句话：“梁冬屏是玩你的，骗你的，我们马上就举行婚礼了。”那个女人说得那么言之凿凿，她说的每件事都有根有据，还传来了他们订婚时交换戒指的彩信，一切都容不得宋楠楠有任何乐观的想法。

颓然挂了电话，宋楠楠好想立刻找到梁冬屏痛骂一番，问他，骂他，怨他，恨他的辜负与欺骗。但是她没有勇气这么做。因为她开始怀疑：现在的梁冬屏真的不是爱自己，而只是报复自己。他处心积虑，只是为了一雪当年的耻辱。虽然这么想，情节有点电视剧，但处在宋楠楠的位置，谁又能不这么想呢？她一无所有，感到真爱遥不可及。自己既不会去爱别人，也不敢相信有人真的爱自己。

自卑使然，宋楠楠连质问的勇气都没有。

倘若还找他，不是自取其辱吗？于是，宋楠楠终究什么都没有做。她想：如果梁冬屏真的还爱着现在的她，会拿着结婚钻戒来找她。

时间一天一天过去了。偏偏，梁冬屏也什么都没有做。像一个卑鄙的情场胜者，他在宋楠楠的生活中消失了。

到了这步，宋楠楠不得不相信，这只是梁冬屏一场拙劣的报复。当年得不到的珍宝，今天弃之如草芥。

05

爱情的失望，往往是相互的。

梁冬屏在他少年时代的女神面前，自卑同样挥之不去。不管宋楠楠觉得自己多么微不足道，她在梁冬屏心里还是那样光彩夺目。他甚至不能相信：现在的宋楠楠真的这么轻易地回到了他身边。他不敢相信她是因为爱他，或者仅仅是因为回报？

所以，当钟静发现他们之间的事，梁冬屏既没有解释，也没有理会钟静的大吵大闹。他知道钟静要去告诉宋楠楠也没有阻止。奇怪的是，这个在世人眼里劈腿的男人，反而觉得这是一个考验他真爱的女人是否会不离不弃跟着他的机会。

钟静扬扬得意地将她和宋楠楠之间的录音给梁冬屏听。梁冬屏还是没表达，任钟静骂、哭、闹，不耐烦了就一走了之。

梁冬屏一直在等，等着宋楠楠来找他、骂他、打他，哭得梨花带雨、痛彻心扉。

那时他必定会告诉宋楠楠：从再次遇到她的那一刻起，他的心中就再次只有她。爱之深，情之切。梁冬屏需要宋楠楠用同样热烈的方式，证明她现在是爱他的。哪怕证明恨他，也可以。

只有这样，才能证明宋楠楠对他用了心。人们都说，真爱是不会轻易放弃的。

但是，宋楠楠一如既往地冷漠了下去。她默默地消失了。好像从未曾在他生活中如此隆重地登场过。他的青春岁月里，最刻骨的一段，却始终是她眼里的一片空白。

人们总是这样，彼此不了解，却奢谈爱。

梁冬屏把那件黑色毛衣压在了衣橱最下面，袖口的那个补好的黑洞，刚好朝着柜门。他看到那个一点都不明显的补丁，他鄙视自己居然会穿一件破了洞的毛衣，便准备拉出来扔了。但是手一碰到那柔软的衣衫，还是放开了，最后重重地关上了衣柜的门。

06

两人再次相遇，是在一年后的商场，五楼的母婴专柜。梁冬屏和钟静，宋楠楠和丈夫，宋楠楠的丈夫是一个不帅但是一看就很气派、气质优雅的男人。宋楠楠脸上挂着安详的舒适的笑容。那笑容是懒惰的，不费力气的笑，又或者是属于母亲的笑。哭总是要费更多的精力和力气的，倒不如一笑。

宋楠楠想：真的，结对婚，比爱对人，容易得多。爱，往往就认定是那么一个人，非他不可。而婚姻，我们往往认定的是一群人，群体里张三也可李四亦行。归根到底，爱情两个字太辛苦。

幸好，她的确也一直没怎么爱过别人。或许真是性格使然。

他们相视一笑，永远都不会再知道，两个人都曾沉默着，带着谦卑的爱意试探与等待。

End

也许，你们无法用共同的语言交流；

也许，你们只能通过表情和肢体语言来分享开心和失落；

也许，你们不能倾吐彼此的心声……

但是，你们却是挚友，是亲人，

是永远无法割舍的生命重要组成部分。

那份小小的爱的陪伴，

会细细密密地融入到你生命中的每个角落，

至死不渝。

萌物之爱

土猫花瓣

I want so much to be with you,

oh, please,

please,

feel the same.

这自来水般平常的幸福感

虽然每日都会上演，

但终有一天，

我们将会与其失之交臂。

article by

蓓蓓晃

01

……

我跟花瓣（“瓣”字读时请带儿音——蓓蓓晃温馨提示）是在一个除夕夜遇见彼此的，午夜零点，漫天烟花绽放时，我蹲在楼道里有滋有味地看它奋力啃一大块肘子，而两天后的大年初二，它已经可以在我家里用它专属的不锈钢猫食盆啃皇家猫粮了。

三年前的除夕那天下午，花瓣跟着不知什么人溜进了我家单元带门禁的铁门，经过对一共六层楼十八户居民的神秘勘察，最终决定赖在我家门口不走了。晚上我回家时，它正坐在我家门口叫得欢实呢，而据母亲形容，已经如此这般赖了一下午了：“要饭要到咱家门口来了呀，这是。”母亲开玩笑地说。

是啊，要饭要到家门口，这就叫摊上了啊。于是我回屋后，立即腾出一个装牛奶的纸箱，剪去一面的箱盖，又找出一件不穿了的针织衫，铺在箱子里，就算是个窝。再从厨房拿个小碗接满水，取个小碟装两片肘子，一并拿到屋外。起初还担心它已经不在了，谁知道手一按门把手就听见它在外面叫开了。我把猫窝、猫碗在楼道里安顿好，肘子还没来得及撕成小块，它就“喵呜”一声蹿了上来，狼吞虎咽地吃开了。

此时，我才有机会蹲在一旁细细打量它。黑白相间的流浪土猫，背黑，腹白，阴阳脸儿，从右眼到右耳处是黑色，其余地方是白色，但嘴的周围有几块不匀称的黑毛，闭着嘴时是一圈黑，张开嘴时就像是一朵盛开的鲜花。它看上去挺小，三四个月的样子，瘦成了一条。脏兮兮的，叫声有点哑。算不上好看，但眉眼间透着股机灵劲儿，一双罕见的碧绿色眼睛配上戴了美瞳般的大瞳仁，炯炯有神。

看它吃完，我起身开门回屋，花瓣也“噌”地窜到我脚下，仿佛理所当然地要跟我一起回家。不得已，我只得用脚尖抵住它的头，自己拧着身子退到屋里，这才关上门。那晚，我几次打开一条门缝探头出去看它，每次它都像突然惊醒似的，从我给它做的窝里快速抬起头来看我。如此反复多遍，除夕夜就这么过去了。

次日一大早，我醒来第一件事就是去看花瓣还在不在，不知道它是否在吃饱睡好之后，又跟着什么人走出楼道，继续流浪了。推开门的一瞬间，我愣住了。花瓣端坐在门口一米处，小胸脯挺着，小脑袋昂着，一看见我，立刻哑着嗓子“喵喵”地叫了起来，大眼睛瞪得更圆了。

那一刻，我的心倏地像是被什么人攥紧了，全身的血液都流向心脏，天地间仿佛只剩下自己和坐在我面前这个小小的生命。有生以来第一次，我真切地感到了“被需要”。当然，此前我也曾无数次“被需要”过，被父母、被朋友、被心爱的人、被上司……可是，那些都无法和这只流浪猫传递给我的情绪相比：它那么瘦弱，那么无助，那么需要被保护；而它又是那么机灵，那么善解人意，不加掩饰地渴望着我的眷顾。

正当我心潮起伏，一方面沉湎于“被需要”的奇妙感觉，另一方面又对这只小流浪猫的前途忧心忡忡时，母亲从楼上走下来了，边走边冲我叫道：“这猫太仁义了！这猫太聪明了！”原来，母亲担心它夜里在楼道里便便，引起邻居的反感，所以一大早就跑到楼道里去找猫便，从我家住的一层开始，一路找上去，竟干干净净什么也没有，直到最后才在多年没人居住、堆满杂物破烂的六层发现了一大坨便便（看来昨晚没少吃）。母亲说：“它一定是生怕别人讨厌它，所以才跑那么老远、爬那么老高，费尽心思找了一个不碍事的地方去拉屎，这猫真是！太仁义了、太聪明了……”

就是在那个大年初一的清晨，就是我在门里它在门外的那一眼对望，就是那种心忽然被什么人攥紧了的感觉，让我再也无法割断自己与这只小流浪猫的联系。

决定要留下它和我一起生活，第一件事就是到宠物医院进行简单的体检。那会儿还没买宠物箱，从下车到进医院挂号，全程都是由我抱着。它趴在我的胸前，轻得完全感觉不到分量，两只前爪紧紧地钩住我的脖子，脑袋搭在我的肩头，像在回家路上玩累了的孩子一样。

进了诊室，大夫一边依次检查它的耳朵、口腔、皮肤等，一边问我：“是只小母猫，它叫什么名字呀？”这一问把我问住了。之前两天一直管它叫“咪咪”来着，可既然要成为一家人了，绝不能再用这等大俗名。我盯着它的小脸，它也回望我，“喵喵”地叫。我看着它一张一合像是鲜花盛开的小嘴，突然来了灵感，就叫你“花瓣”吧！

我抬起头，告诉医生：“它叫花瓣。”医生边检查嘴里边说：“花瓣……这个名字有意思……嗯，它挺健康的，没毛病……来，花瓣，找你妈去吧！”说着，医生松开花瓣，它像听懂了似的扭头冲我而来，三两下就顺着衣服又爬到我肩头，小爪子紧紧箍住我的脖子，不动了。

我不知道这个小家伙何以在吃了我喂的两顿肘子以后就认定了我

是它可以依靠的人，也不知道它是真心依赖我还是在耍花招，表面卖萌心里其实拿我当长期粮票，反正那一刻我的心又被攥紧了，完全陶醉在自己一手编织的这场美丽邂逅中，憧憬着我与花瓣从此过着幸福的生活，直到——

数个月后，花瓣在我家吃得体重猛增、身形见横，充分得到了物质享受后，开始追求起精神自由了。

02

起初，它还仅仅只是满足于趴在卫生间的窗台上，透过纱窗眺望外面“繁华”的世界——抬头有小鸟，低头见野猫。不久，它就开始嫉妒起自己的流浪同胞了，每每见到有野猫在院子里悠然踱着步子，或是两只追打的野猫冷不丁“嗖”地越过视野，花瓣就会如发现野鸭的猎狗一般，瞳仁猛然放大，身体僵直，爪子不易察觉地摩擦着地面，神经紧绷，蠢蠢欲动。与猎狗不同的是，花瓣不会像等待捕捉猎物那样保持绝对的安静，而是从喉咙里发出一种近似于呜咽的叫声，仿佛想引起同伴的注意，又像是为自己悲惨的命运发出哀鸣。若是此时我恰好在它附近，它便会转过头来哀怨地看着我，然后转过去用爪子轻挠纱窗，然后再转过来看我，如此反复几遍，引得我不得不走上前去，抱起它，摸摸它的小脑袋安抚一下，再一起望着窗外，发一会儿各怀心事的呆。

不久，花瓣不知凭着什么机缘巧合，竟发现了我家纱窗的秘密：因为是下拉的活动纱窗，两边并不是封死的，所以即便是关着纱窗，只要在边缘用力一拨，就能把纱窗拨开一道缝。于是，在某个夏日的黄昏，我正在厨房切菜，不经意间一抬头，正好看到成功出逃的花瓣紧张地趴在窗外地上，四处张望，纠结着该往何处去撒野。一种诡异的感觉瞬间冲击我的大脑，要是你走在街上突然看到迎面走来的人怀里抱着你家的电视机，你就会明白我的这种心情。我扔下菜刀，飞奔出门，却只来得及和花瓣最后对望了一眼——那眼神中没有任何表情，完全是一副无所谓的神态——旋即，它便消失在楼后的一片长草之中了。

那晚，我左手握手电，右手持妙鲜包，绕着楼前楼后找了许久，除了身上被蚊子咬出无数个大包，一根猫毛都没找见。筋疲力尽回到家，把清凉油以涂润肤霜的手法大面积涂在胳膊上、腿上，一抬头，看见了花瓣的食盆和水盆。这狡猾的家伙显然为自己的出逃作了充分准备，下午刚盛满的猫粮已经吃得一粒不剩（平时要磨蹭到新闻联播后才分几顿吃完），水也下去一大半。我干瞪着空盆发呆，心底不由得涌起一股愤怒的感觉。奇怪得很，与担心花瓣的安危相比，心中积郁更多的是愤怒——被背叛的愤怒。

我回想起花瓣在大年初一端坐在门口的情景，它看我的眼神，饱含着期待与依赖，而就在不久前，它留给我的最后一眼，却是那样冷淡，似乎这一切是理所当然，似乎它心安理得。我又想起多年以前，上初中时，和母亲吵翻后，摔门而去，再回到家时，母亲闭门不见。那时的她，应该也和我当下一样愤怒吧。曾经被需要、被依靠，曾经你就是天。而如今，沦落为食物供给者、粪便清理者，一不小心，居然还成了一块绊脚石。唉，也罢，也罢，曾经你舍自由而想要饱暖，我给你饱暖；如今你舍饱暖而想要自由，我也给你！

一头倒在床上，迷迷糊糊中还在想着花瓣，它是否知道自己在做什么？是否真正得到了自己想要的东西？它现在是否开心、快乐？如果它满足，那么，我也应该满足了吧……

清晨六点，感觉有什么东西在我身上踩来踩去，还发出一种“喵喵”的叫声。嗯，是猫，是花瓣，又来叫我起床，给它喂食了……咦，等一下！花瓣？！它不是昨晚跑出去了么？我一下子就清醒了。睁开眼，就看到了我的花瓣，灰头土脸，踩在我的肚子上，一脸无辜，冲我大声叫唤着。到卫生间去检查，果然，是从跑出去的地方原路回来的，纱窗被撕开一个大口子，黑底白花的大蚊子正欢快地往屋里飞呢。

放好猫粮，倒好水，蹲在一旁看它狼吞虎咽地吃了十分钟，餐毕伸伸懒腰，跳上沙发沉沉睡去，须臾，竟还响起了轻微而匀称的鼾声。

看来，我真是多虑了，花瓣一点不傻，比十几岁时的我聪明多了，知道饱暖与自由是可以兼得的，知道如何对付关心自己的人，还知道沉默是金加卖萌耍赖永远是猫奴的软肋。

从此，花瓣每天黄昏时离家，清晨即归，吃喝过后一觉睡到下午，醒来后，在家里晃悠两圈，填饱肚子，便又欢腾雀跃着出门耍去了。在它清醒的时间里，和我在一起的时候越来越少；有了外面的世界，它对我的依赖和需要也越来越少。渐渐地，我成了一个隐形人，而花瓣成了家中的过客猫。它不会再趴在窗前憧憬地望着外面，也不会在我做饭的时候缠绕在我的脚旁，更不可能在我准备睡觉时，跳上床来贴在我的腿边。每一天，它晚出、早归，我把食盆填满、再填满。很像我刚刚参加工作以后，和父母同住的那段日子。

03

不知从什么时候起，花瓣添了一种奇怪的毛病：每次吃猫粮，吃几口便停下，使劲用爪子挠嘴，间或发出呜咽声，貌似很痛苦的样子。平时，会经常流口水，胸前的毛总是被口水洇湿一大片，黏黏的，口腔的气味也开始变得有点臭。没过多久，就发展为精神不振，食量骤减，好几天也吃不完之前半天就能够吃完的猫粮。它的体重变轻，毛发变得毫无光泽，与此同时，它更愿意待在外面了，经常一整天不回来。

上网搜索、查询类似症状，问询最专业的宠物医院，找到最好的口腔科大夫，带花瓣去看病。诊断结果：花瓣患的是猫口腔炎的一种，免疫性疾病，由口腔感染诱发——也就是说，极有可能是它在外面“自由”时，捡食鱼刺或骨头把口腔扎破造成的。病程的发展就是从牙龈红肿到最后口腔溃烂，猫咪长期无法进食，导致全身器官衰竭……治疗的方法有两种：保守疗法指的是定期服用激素类药物，可延缓病程，但代价是副作用也很大，对肾脏有不小的损害。激进疗法是拔掉它全部的牙齿（且牙齿不会再长出），有50%的可能性痊愈，另50%可能会在术后二到六个月左右复发。

干净整洁的小诊室里，阳光从窗外照进来有些刺眼，花瓣很老实地趴在诊台上，蔫了。刚才有人抱进来一只暹罗猫，向医生咨询一些注意事项，和那只猫油亮的毛发以及王者般的眼神相比，花瓣像一块被随手扔在桌上的抹布。我又感到了那种揪心的感觉。这一次，没有幸福，除了痛苦，还有深深的自责。看似为它着想、给它自由的赏赐，实际上只是一种不负责任、放任自流的做法，我根本不是什么爱猫的“麻麻”，只是个不懂得保护自己宠物的不合格的主人。

医生问我：“要考虑拔牙吗？”我沉默，内心陷入深深的矛盾。假如我自己满口的牙齿都被拔掉，将会是什么样的感觉？假如拔牙后再次复发，那么这次手术的痛苦，以及没有牙齿这个不可逆转的现实，会带给花瓣怎样的影响？如果它能思考，它会作出怎样的决定？我们萍水相逢，缘分一场，我又有什么资格去替另一个生命来决定它的牙齿的去与留？

医生见我沉默不语，眼圈发红，只好劝我说："很多宠物主人一时都接受不了给自己的宠物拔掉所有的牙，花瓣现在的症状还不算太严重，要不就先保守治疗一段时间观察一下吧。"

于是，接下来的近一年时间里，我每天给花瓣喂食五到六次，普通猫粮它咬不动，泡软了也不爱吃，我就用在网上找到的一个治口腔炎的食疗方子：鹌鹑蛋、鸡胸肉和薏米煮成粥，再用料理机打成浆，每次喂时加热水调成像婴儿米粉般的糊状物，用小勺一勺一勺地送到花瓣嘴边，看它舔着吃下去。状态好的时候，花瓣每次能吃八九勺；状态不好，就只吃三四勺而已。所以，发现它这段时间吃得越来越少了，就得带它去打针，每天三针，连打三天。三天下来，口腔症状有所缓解，又能每餐八九勺地吃。只是，开始时是两三个月才需要打一次针，慢慢演变成一个月一次，最终，每次打完针的效果只能维持一周，甚至不到一周。

那是花瓣生命中迄今为止最幽暗的一年。它长期蜷缩在客厅角落的一只鞋盒里——某次买鞋回来，暂时扔在那里，花瓣便钻了进去，把那儿当成了自己的窝。我不忍把鞋盒扔掉，就给它用吧。自从得了这个病，它经常会流出带臭味的口水，粘湿毛发，于是，它从此自动远离了沙发、床、写字台这类平日里它最喜欢占据的地方，只待在旁人根本注意不到的角落里。

有时，朋友来玩，待到快走了忽然想起，便问我："咦？你家猫呢？原来上蹿下跳，到处求抱抱，这次怎么一直没见到，难道送人了？"我指指角落里的鞋盒，朋友惊呼“哎呀，怎么瘦成这样了？！”走过去双手捧起花瓣的小脸，正欲抚摸，花瓣便发出巫婆般的一声惨叫，一把抓向朋友的手，随机迅速逃离鞋盒，溜进沙发底下，再也不出来了。我只好猛向朋友道歉：“对不起啊，它有病，口腔炎，一定是你刚才摸它脸的时候，弄疼它了。”

是的，就是这么夸张，只要有人碰到花瓣的脸颊，几乎都会引发它的疼痛，但是，假如你亲眼见过它口腔里的样子，红到发紫的溃烂，你就知道那不是虚张声势、无病呻吟。那一年，为了给它喂药、打针，我的手被它抓成了红色的棋盘格。有一次，可能是真的急了，它竟然扭头咬了我一口。那是花瓣生病期间我唯一一次掉眼泪，不是因为被咬得疼了，而是因为想到，它咬我的时候，它会比我还疼啊。

04

………

最终决定给花瓣拔牙，多少抱着一种死马当活马医的心态。我发现自己在那段时间里，经常会不自觉地想到这样一个事实：如果花瓣死了，我们就都解脱了。这种想法令我厌恶自己。

花瓣才三岁，按猫的平均寿命十三四岁计算，也就相当于人的花季年龄吧，本该是它猫生中最幸福、充满美好回忆的岁月，然而眼下，它却像一个生命已毫无价值的残年老人，外面的世界再也无法唤起它的好奇心，我对它的照顾，似乎也得不到它的认同。也许，它压根不是在与病魔作斗争，而只是在苟延残喘，同时——由于口腔的疼痛——厌恶着身边的一切事物，包括我。

以前，我总觉得自己对花瓣算是尽心尽力、仁至义尽了，可是当花瓣被护士从手术室抱出来，放在输液台上，我简直不敢认它了。枯草一般的毛发（因为怕碰到嘴，很长时间没给它洗澡了），身体瘦成一条，嘴角四周沾着血迹，和周围其他膘肥体壮的猫猫狗狗相比，花瓣简直像是一只暴毙在路边的小老鼠。我突然意识到原来自己对它的照顾有多么不够，给它吃、给它喝，却忘记了维护它生命的尊严。

术后，按常规要禁食三天，惊喜的是花瓣在第一天就表现出强烈的进食欲望，不管它身在何处，只要我一开冰箱，立马朝我飞奔而来，“喵喵”大叫，绕膝不去。虽然这三天粒米未进，全靠静脉滴注营养液维持，但花瓣的精神面貌有了翻天覆地的变化，除了知道整天围着我要吃要喝，也开始对周遭的事物有了好奇心：会坐在窗前观察清晨的飞鸟，会躺在屋子中央的地板上放松地大伸懒腰，甚至开始试着伸出舌头清理自己的毛发了。

一个月后，花瓣已经可以彻底告别流食，直接吃猫粮了。原来，猫的牙齿主要是撕咬功能，它们并不会像人一样去咀嚼食物，所以，虽然它变成了一只没牙青年猫，但吞起猫粮来也是毫不含糊，每次都吃到肚皮滚圆，排泄物也很正常，说明直接吞咽并不会影响消化，花瓣的饮食功能彻底恢复了。

又过了六个月，花瓣的体重比术前增长了一倍，比生病之前更胖了，也没有任何复发的迹象，我简直要像最虔诚的教徒那样叩谢伟大的主了。

痊愈后的花瓣变得比以前更活泼，俨然刚被我收养时的小奶猫样，同时，它对我也比刚进家门那会儿更加亲近了。每天下午，它睡醒午觉，都要爬到我的胸前，脑袋搭在肩头，舒舒服服地待上一会儿，嘴里时不时发出惬意的呼噜声。每到这个时候，不管我当时在做什么，都会放下手中的事，陪花瓣安静地度过这几分钟。

05

....

眼下，花瓣更像是一个彻底长大了的孩子，经过青春期，走过叛逆期，享过福，也吃了苦。我和它之间的关系一变再变，终于磨合成一种亲密又不失距离感，放任而默契的关系。自从花瓣手术后，我便更换了纱窗，彻底限制了它的自由权。作为补偿，又领养回来一只黄色短毛狸花纹的流浪猫，跟它做伴。

晚饭过后，坐在沙发上看着花瓣和它的新伙伴在不大的屋子里追跑打闹，上蹿下跳，不亦乐乎，再精彩的电视剧也无法让我移开目光。每到这个时候，内心都能感到一种深深的宁静与安详，会想让自己沉湎于这幸福之中，什么也不想，什么也不做，就只是任时间流逝，虚度光阴，任自己一再沉湎。

有时，望着眼前近乎完美的画面，也会从脑海中涌起一阵恐慌：这自来水般平常的幸福感虽然每日都会上演，但终有一天，我将会与其失之交臂——花瓣，以及它的狸花小伙伴，终将会离我而去，在那不远不近的未来。到那时，我的生活会是什么样子，我又该怎样面对？

也许我是一个彻头彻尾悲观的人，才竟会在幸福之中生出如此悲伤的念头，但我却无法阻止这样的思索：幸福的尽头是伤感吗？爱的力量可以抵御失去的痛楚吗？我想不出答案。我的悲观的前辈们已为这种幸福和爱思考了千百年，却也从来都没有答案。

.... End ....

图书在版编目（CIP）数据

末世的思念 / 张小娴主编．-- 北京：北京联合出版公司，2012.7

ISBN 978-7-5502-0896-4

Ⅰ．①末… Ⅱ．①张… Ⅲ．①短篇小说－小说集－中国－当代 Ⅳ．①I247.7

中国版本图书馆CIP数据核字(2012)第159471号

末世的思念

主　　编：张小娴

选题策划：北京磨铁图书有限公司

责任编辑：孙志文

装帧设计：typo_d

封面摄影：呼吸不能说

北京联合出版公司出版

（北京市西城区德外大街83号楼9层　100088）

廊坊市兰新雅彩印有限公司印刷　新华书店经销

字数170千字　700毫米 ×980毫米　1/16　印张14

2012年8月第1版　2013年1月第3次印刷

ISBN978-7-5502-0896-4

定价：28.00元